60분 만에 읽는

탄소중립

60분 만에 읽는

탄소중립
—— carbon neutral ——

세계는 왜 탄소중립에 주목하는가

마에다 유다이 지음·에너지시프트 감수·송해영 옮김

 북스힐

60분 만에 읽는
탄소중립 carbon neutral
세계는 왜 탄소중립에 주목하는가

초판 인쇄 2025년 1월 5일
초판 발행 2025년 1월 10일

지은이 마에다 유다이
감수 에너지시프트
옮긴이 송해영
펴낸이 조승식
펴낸곳 ㈜도서출판 북스힐
등록 1998년 7월 28일 제22-457호
주소 서울시 강북구 한천로 153길 17
전화 02-994-0071
팩스 02-994-0073
인스타그램 @bookshill_official
블로그 blog.naver.com/booksgogo
이메일 bookshill@bookshill.com

ISBN 979-11-5971-600-3
정가 18,000원

재생에너지의 종류와 특징

태양광발전

태양전지를 이용해 태양의 빛 에너지를 전기 에너지로 바꾸는 발전 방식이다. 에너지원이 고갈되지 않는 대신 날씨에 따라 발전량이 들쑥날쑥하다는 특징이 있다.

풍력발전

바람의 힘으로 블레이드라고 불리는 날개를 돌려서 전기를 만드는 발전 방식이다. 땅 위에 설치하는 육상풍력과 바다나 호수에 설치하는 해상풍력, 두 종류로 나눌 수 있다.

수력발전

높은 곳에 모아 둔 물이 낮은 곳으로 떨어지는 힘(위치 에너지)을 이용해 물레방아를 돌리면 물레방아에 연결된 발전기가 돌아가면서 전기를 만드는 발전 방식이다.

지열발전

지하의 마그마를 이용하는 발전 방식이다. 지면으로 스며든 빗물이 지하의 마그마를 만나면 고온의 수증기가 된다. 지열발전은 지하 1,000~3,000m에 있는 수증기를 뽑아내어 터빈을 돌려서 전기를 만든다.

바이오매스발전

동식물에서 나오는 자원을 재활용하여 전기를 만드는 발전 방식이다. 동식물 자체나 유기성 폐자원처럼 연료 자체는 자연에서 나오지만, 연료를 태우는 과정에서 이산화탄소가 배출되므로 탄소중립과는 거리가 멀다는 비판도 있다.

탄소중립 실현을 위한 과제

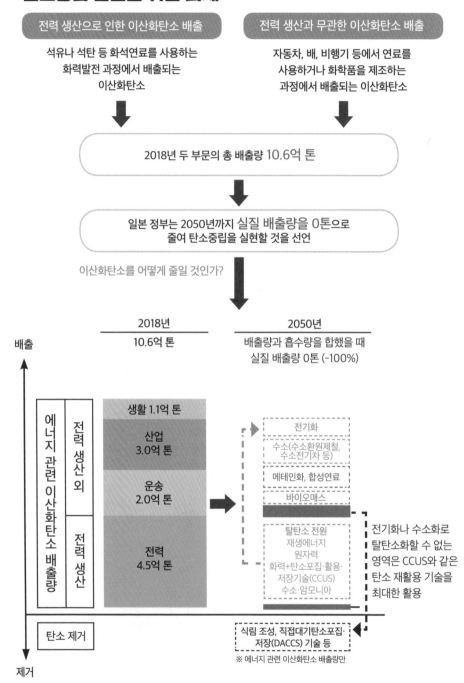

전력 생산으로 인한 이산화탄소 배출

석유나 석탄 등 화석연료를 사용하는
화력발전 과정에서 배출되는
이산화탄소

전력 생산과 무관한 이산화탄소 배출

자동차, 배, 비행기 등에서 연료를
사용하거나 화학품을 제조하는
과정에서 배출되는 이산화탄소

2018년 두 부문의 총 배출량 10.6억 톤

일본 정부는 2050년까지 실질 배출량을 0톤으로
줄여 탄소중립을 실현할 것을 선언

이산화탄소를 어떻게 줄일 것인가?

배출

2018년
10.6억 톤

2050년
배출량과 흡수량을 합했을 때
실질 배출량 0톤 (-100%)

에너지 관련 이산화탄소 배출량

전력 생산 외

전력 생산

생활 1.1억 톤

산업
3.0억 톤

운송
2.0억 톤

전력
4.5억 톤

전기화

수소(수소환원제철,
수소전기차 등)

메테인화, 합성연료

바이오매스

탈탄소 전원
재생에너지
원자력
화력+탄소포집·활용·
저장기술(CCUS)
수소·암모니아

전기화나 수소화로
탈탄소화할 수 없는
영역은 CCUS와 같은
탄소 재활용 기술을
최대한 활용

탄소 제거

식림 조성, 직접대기탄소포집·
저장(DACCS) 기술 등

※ 에너지 관련 이산화탄소 배출량만

제거

분야별 과제

전력

발전

재생에너지	원자력	화력+CCUS	수소발전	암모니아발전
도입 확대를 위해 계통 제약 해소, 비용 절감, 주변 환경과의 조화	안전을 최우선으로 하는 재가동, 안전성이 높은 원자로 개발, 꾸준한 신뢰 회복	이산화탄소 수집 기술 확립, 수집된 이산화탄소의 용도 확대, CCS 적합지 발굴, 비용 절감	수소 전소(專燒) 터빈 발전 기술 개발, 수소 인프라 확충	암모니아 혼소(混燒)율 향상, 암모니아 전소 터빈 발전 기술 개발

공장, 사업소 등

열, 연료

전기화	바이오매스 활용	수소화	메테인화	암모니아화
산업용 히트펌프 활용, 설비 비용 절감, 기술자 확보, 대응 가능한 온도 확대	펄프 제조 공정에서 발생하는 폐액이나 폐자재를 보일러의 연료로 활용할 수 있도록 연료 비용 절감	수소 버너 기술을 보급하고 보일러 연료로서 수소 활용을 확대하기 위한 설비 비용 절감, 기술자 확보, 수소 인프라 확충	메테인화 설비 대형화를 위한 기술 개발	화염 온도를 높일 수 있도록 하기 위한 암모니아 버너 등의 기술 개발

제조 프로세스(철강, 콘크리트, 화학품)

수소환원제철	이산화탄소 흡수 콘크리트	인공광합성
흡열반응을 일으키는 수소를 환원제로 활용할 수 있도록 온도 유지 문제 해결, 수소를 저렴한 가격으로 대량 공급	방청성(防錆性)을 갖춘 이산화탄소 흡수 콘크리트 개발 및 용도 확대, 생산 확대를 통한 비용 절감, 이산화탄소를 시멘트 원료로 활용하기 위한 요소 기술 개발, 회전로에서 이산화탄소를 흡수하는 기술 개발	변환 효율을 높이는 광촉매 등의 연구 개발, 규모 향상을 통한 비용 절감

자동차, 버스, 트럭 등

연료

전기차(EV)	수소전기차 (FCV)	합성연료
차종의 다양화, 설비 비용 절감, 충전 인프라 확충, 충전 시간 단축 등	차종의 다양화, 설비 비용 절감, 수소 인프라 확충 등	대량 생산, 비용 절감을 위한 제조 방법 등의 기술 개발

선박, 항공기, 철도 등

연료

바이오 제트 연료, 합성연료	수소화	암모니아 연료
대량 생산과 비용 절감을 위한 제조 기술 개발	연료전지선박과 연료전지열차의 제조 기술 확립, 인프라 확충	암모니아 추진선 제조 기술 확립

가정, 주택 등

열, 연료

전기화	수소화	메테인화
가정용 히트펌프 보급과 난방 시스템 전기화를 위한 설비 비용 절감	수소연료전지 도입 확대를 위한 설비 비용 절감, 수소 인프라 확충	메테인화 설비 대형화를 위한 기술 개발

탄소 제거

DACCS, BECCS 등

DACCS	BECCS
대기 중 이산화탄소를 직접 포집해서 땅속에 저장하는 기술. 에너지 소비량과 비용 절감	바이오매스연료 사용 시 배출되는 이산화탄소를 포집하여 저장하는 기술. 바이오매스의 양적 제한 해소

참고: 일본 자원에너지청, 「'탄소중립'이란 무엇인가요! (후편)—일본은 왜 탄소중립 실현을 목표로 할까?」

차례

part 1 왜 주목해야 할까?

경제와 사회의 구조를 바꾸는 탄소중립

001 탄소중립의 개념 ················· 14

002 탄소중립과 탈탄소는 어떻게 다를까? ················· 17

003 기후변화는 정말 심해지고 있을까? ················· 20

004 기후변화에 대비하지 않으면 미래는 없다? ················· 23

005 온실가스의 발생원과 지구에 미치는 영향 ················· 26

006 파리협정은 무엇을 규정할까? ················· 29

007 일본 탄소중립의 현주소 ················· 32

008 탄소중립이 기업의 주가에 미치는 영향 ················· 35

009 금융기관은 이제 '탄소'에 투자하지 않는다? ················· 38

010 무역에 '탄소 세금'이 부과될지도 모른다? ················· 41

011 이미 시작된 PPA 쟁탈전 ················· 44

Column 기온 상승으로 인한 온열 질환과 농수산물의 피해 ················· 47

part 2 전 세계는 지금

탄소중립을 향한 세계 각국의 움직임

012 기후변화 협상에서 패권을 차지할 나라는? ················· 50

013 그린 리커버리로 코로나 침체를 벗어날 수 있을까? ················· 53

014 석탄 의존도가 낮아지는 유럽과 미국, 여전히 높은 일본 ················· 56

015 석탄에 의존할 수밖에 없는 일본의 속사정 ················· 59

016 일본과 한국의 이산화탄소 배출 현황 ················· 62

017 온실가스 배출량 46% 감축은 가능한가? ············· 65

018 탄소 배출량을 줄이기 쉬운 산업과 어려운 산업 ······· 68

019 일본이 추진하는 그린 성장 전략이란? ·············· 71

020 탈탄소화에서도 넘버원을 노리는 미국 ··············· 74

021 나날이 성장하는 중국의 남모를 고민 ················ 77

022 탈탄소화 정책을 연이어 내놓는 유럽 ················ 80

023 인프라 조성으로 재생에너지 도입을 노리는 동남아시아 ········· 83

024 개발도상국은 선진국의 결정을 따라잡을 수 있을까? ········· 86

Column 재생에너지 도입을 통해 탈탄소 사회로 향하는 중동 ·········· 89

part 3 재생에너지와 탈탄소화
탄소중립이 뒤바꾼 에너지 산업

025 재생에너지 시장 진입을 둘러싼 치열한 다툼 ··········· 92

026 바다를 활용하는 해상풍력발전 ···················· 95

027 세계 탈탄소화를 이끄는 태양광발전 ················· 98

028 풍부한 지열 자원을 활용할 수 있는 지열발전 ········· 101

029 바이오매스발전은 탈탄소화로 볼 수 있을까? ········· 104

030 거국적으로 수소에 매달리는 일본 ················· 107

031 그린 성장 전략에서 중시하는 암모니아 ············· 110

032 원자력발전은 부활할 수 있을까? ·················· 113

Column 방대한 에너지를 만드는 핵융합발전의 가능성 ·········· 116

part 4 전동화, 이차전지 개발 등의 활동
운송·제조업의 탈탄소화와 경쟁력 강화 전략

033 일본은 세계 자동차 전쟁에서 뒤처졌다? ·············· 118

034 당신의 다음 차는 전기차일지도 모른다 ·············· 121

035 수소전기차에 진심인 나라는 일본뿐? ·············· 124

036 기술이 빠르게 발전하는 배터리 분야 ·············· 127

037 에너지 효율화에 이바지하는 반도체 수요 확대 ·············· 130

038 IT 업계가 전력 수요 증가에 대응하는 법 ·············· 133

039 탄소중립으로 향하는 조선·항공업 ·············· 136

040 탈탄소화 대응에 나선 물류·토목·인프라 분야 ·············· 139

041 일본의 경쟁력을 높이는 탄소 재활용 관련 산업 ·············· 142

Column 미니카처럼 전기차 배터리를 갈아 끼울 수 있다면? ·············· 145

part 5 일상 속에서도 중요한 탈탄소화
탄소중립이 가져온 생활의 변화

042 일상에서 볼 수 있는 탄소중립의 혜택 ·············· 148

043 탄소중립으로 인한 고용 변화 ·············· 151

044 앞으로 전기요금은 비싸질까? 저렴해질까? ·············· 154

045 가정에서 탈탄소화에 기여하는 법 ·············· 157

046 탄소중립이 화석연료 분야에 미치는 영향 ·············· 160

047 탈탄소화와 재난 대비 모두 잡는 태양광 패널 ·············· 163

048 식품업과 농림수산업이라고 해서 예외는 아니다 ·············· 166

049 지속가능한 사회를 목표로 자원 순환 구조를 구축 ·············· 169

Column 소를 적게 키우면 기후변화를 막을 수 있을까? ·············· 172

part 6 경쟁력을 높이는 기업의 전략
탄소중립을 발판으로 성장하는 기업

050 탈탄소 사회에서 기업이 성장하려면 ⸻ 174
051 GAFAM이 이끄는 공급망의 탈탄소화 ⸻ 177
052 M&A를 통해 탈탄소 기업으로 변신한 에네오스 ⸻ 180
053 선견지명으로 세계를 리드하는 테슬라 ⸻ 183
054 탄소중립 목표를 15년 앞당긴 도요타자동차 ⸻ 186
055 업무 효율화와 이차전지 개발로 탈탄소화에 나서는 파나소닉 ⸻ 189
056 중국과 손잡고 전기차를 도입하는 사가와 익스프레스 ⸻ 192

part 7 빠르게 성장하는 기술력
주목할 만한 일본의 탈탄소 기술

057 전동화의 밑바탕을 이루는 세계 최고 수준의 모터 기술 ⸻ 196
058 탈탄소화에 빛을 가져다주는 이산화탄소 고속처리기술 ⸻ 199
059 식물보다 효율이 높은 인공광합성 ⸻ 202
060 에너지 손실을 줄이는 전력 반도체 ⸻ 205
061 반도체의 성능을 높이는 산화갈륨 ⸻ 208
062 만들수록 이산화탄소가 줄어드는 콘크리트 ⸻ 211
063 전력 생산과 탄소 고정화가 동시에 이루어지는 지열발전 기술 ⸻ 214
064 에너지 밀도가 높고 형상이 자유로운 전수지전지 ⸻ 217
065 발라서 쓰는 페로브스카이트 태양전지 ⸻ 220
066 전기차 주행거리를 최대 1.5배 늘리는 에어컨 냉매 기술 ⸻ 223
067 연두벌레 기름으로 차세대 바이오연료 개발 ⸻ 226
Column 실리콘보다 수십 배 빠른 다이아몬드 반도체 ⸻ 229

찾아보기 ⸻ 230

part

왜 주목해야 할까?

경제와 사회의
구조를 바꾸는
탄소중립

탄소중립의 개념

왜 지금 탄소중립에 주목해야 하는가?

탄소중립은 카본 뉴트럴carbon neutral이라고도 한다. 오늘날 세계적인 문제로 자리매김한 기후변화에서 가장 큰 골칫거리는 이산화탄소CO_2 배출량의 증가인데, 그 주범은 바로 석유나 석탄과 같은 화석연료다. 화석연료는 연소에 의해 에너지를 얻을 수 있지만, 그 연소 과정에서 화석연료 속 탄소carbon가 대기 중의 산소와 결합하여 이산화탄소로 배출된다. 원래 땅속에 묻혀 있던 탄소가 대기 중으로 배출되는 만큼 이는 고스란히 대기 중 이산화탄소의 증가로 이어진다. **이산화탄소는 주요 온실가스 중 하나이므로 세계 각국에서는 이산화탄소의 배출을 문제시하고 있다.**

현대사회에서 이산화탄소가 배출되지 않는 곳은 없다. 공업이나 에너지 분야뿐만 아니라 휘발유차를 운전할 때, 그리고 심지어 숨을 쉴 때조차 이산화탄소가 배출된다. 그렇다면 대기 중의 이산화탄소는 증가하기만 할까? 물론 이산화탄소를 줄이는 방법도 있다. 식물로 우거

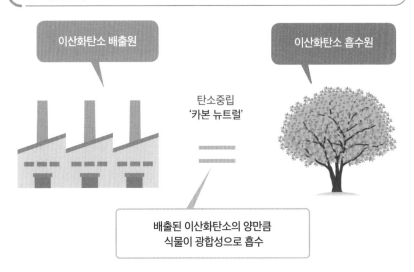

탄소중립의 의미

이산화탄소 배출원

이산화탄소 흡수원

탄소중립
'카본 뉴트럴'

배출된 이산화탄소의 양만큼
식물이 광합성으로 흡수

진 숲이 대표적이다. 식물은 광합성을 통해 대기 중의 이산화탄소를 산소로 바꾸는 식으로 이산화탄소를 감소시킨다.

이처럼 한쪽에서는 이산화탄소를 증가시키고 다른 한쪽에서는 이산화탄소를 감소시킨다. 그리고 양쪽이 반듯하게 균형을 이룰 때, 즉 **이산화탄소 순 배출량이 0인 상태**를 '중립적'이라고 일컫는다. 앞서 이야기한 탄소중립이다. 탄소중립을 실현하면 대기 중 이산화탄소의 양이 증가하지 않으므로 기후변화 대책을 논할 때 탄소중립은 빼놓을 수 없는 주제다. 오늘날 기후변화는 어느 한 나라만의 문제가 아니다. 서둘러 대책을 마련해야 한다는 사실을 깨달은 국가와 기업들은 잇따라 탄소중립을 목표로 내걸고 있다.

이산화탄소 배출과 식물(삼나무)의 비교

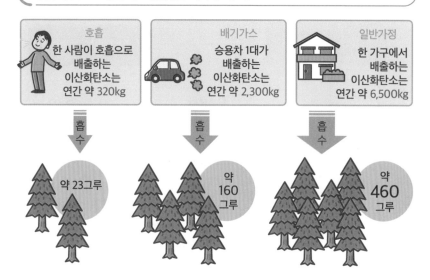

참고: 긴키주고쿠삼림관리국, 「삼림의 이산화탄소 흡수 능력」
(https://www.rinya.maff.go.jp/kinki/hyogo/mori-grow/mori-co2.html)

 정리

- 탄소중립은 이산화탄소 배출량과 흡수량이 같아져 순 배출량이 0인 상태.
- 기후변화에 대응하기 위해서는 탄소중립을 실현해야 한다.

탄소중립과 탈탄소는
어떻게 다를까?

탄소중립보다 넓은 의미로 쓰이는 '탈탄소'

국제 사회는 기후변화에 대응하기 위해 이산화탄소 배출량을 줄이는 방법을 논의해 왔다. 똑같이 에너지를 얻는 수단이라 하더라도 석탄보다 이산화탄소가 적게 나오는 천연가스를 석탄 대신 이용하도록 장려하던 시기도 있었다. 이와 같이 이산화탄소를 적게 배출하는 수단으로 전환하는 것을 '저탄소화'라고 한다.

한편, 기후변화가 빠른 속도로 진행되면서 국제 사회는 더욱 근본적인 수단을 모색할 필요가 생겼다. 이산화탄소를 아예 배출하지 않는 것이다. 발전 방식을 예로 들면, 태양광이나 풍력 등을 이용하는 재생 에너지는 발전 과정에서 이산화탄소를 배출하지 않는다는 특성 덕분에 많은 주목을 받고 있다. 이처럼 이산화탄소 배출을 수반하지 않는 활동을 '제로 에미션Zero Emission'이라고 한다. 사실 제로 에미션은 환경에 악영향을 미치는 물질 전반을 배출emission하지 않는다는 의미이므로, 이산화탄소뿐만 아니라 산업 폐기물 등도 포함하는 개념이다. 따라서 어

17

제로 에미션과 탈탄소의 의미와 차이점

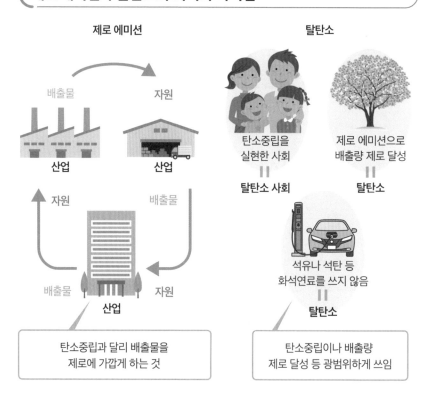

제로 에미션

배출물 → 자원

산업   산업

자원 ↑ 배출물

배출물   자원

산업

탄소중립과 달리 배출물을
제로에 가깝게 하는 것

탈탄소

탄소중립을
실현한 사회
=
탈탄소 사회

제로 에미션으로
배출량 제로 달성
=
탈탄소

석유나 석탄 등
화석연료를 쓰지 않음
=
탈탄소

탄소중립이나 배출량
제로 달성 등 광범위하게 쓰임

저탄소 사회에서 탈탄소 사회로

저탄소 사회
- 이산화탄소 배출량 저감을 염두에 두고 행동하는 사회

탈탄소 사회
- 탄소중립을 달성한 사회
- 제로 에미션을 실현한 사회
- 탄소를 사용하지 않고, 탄소 관련 물질에서 벗어나고자 노력하는 사회

떻게 사용하느냐에 따라 광범위한 의미를 가질 수 있다.

반면, 탄소중립은 온실가스와 관련해서만 쓰인다. 탄소중립을 실현한 사회는 대기 중에 탄소를 배출하지 않으므로 탄소 배출에서 벗어났다는 의미에서 '탈'탄소 사회라고 일컬으며, 탈탄소 사회로 향하는 과정을 탈탄소화라고 한다. 제로 에미션도 탄소와 함께 쓰일 때는 탄소 배출이 없다는 의미에서 탈탄소로 볼 수 있는데, 특히 자동차 분야에서 자주 쓰이는 용어다. 이처럼 탄소중립, 제로 에미션, 탈탄소는 용법과 의미가 조금씩 다르므로 잘 구분해서 써야 한다.

정리

- 제로 에미션은 이산화탄소를 배출하지 않는 상태.
- 탈탄소는 다양한 상황에서 쓰이며 용법에 따라 의미가 다양하다.

기후변화는 정말
심해지고 있을까?

지구온난화가 쏘아 올린 기후변화

기후변화를 논할 때 세트처럼 따라다니는 단어가 있다. 바로 '지구온난화'다. 기후변화와 지구온난화는 같은 뿌리에서 나왔는데 지구온난화가 '지구의 기온 상승'이라는 현상을 가리킨다면, 기후변화는 지구온난화의 결과로 인해 일어나는 다양한 기후 이상이나 이에 따른 피해를 가리킨다. 즉 지구온난화가 원인, 기후변화가 결과인 셈이다.

지구온난화의 주된 원인은 이산화탄소 배출량의 증가로 추정되며, 실제로 지구의 평균 기온은 산업혁명 이후 꾸준히 상승해 왔다. 그 결과 남극의 빙하가 녹아 해수면이 상승하고 아프리카의 사막화가 심해지고 있다. 다만 이러한 상징적인 사건은 기후변화의 일면일 뿐이다. 실제 기후변화는 훨씬 복잡하고 다방면에 영향을 미친다.

더 자세히 살펴보자면 지구의 기온이 상승함에 따라 태풍이 더 자주 더 크게 발생하고, 호우와 홍수가 잦아지고 있으며, 가뭄이 길어지는 등 이전보다 극단적인 기상 현상이 일어나기 시작했다. 최근 몇 년

기후변화 사례

예측 불가능한 기온 상승

극단적인 강수량의 증가

길어지는 가뭄

태풍의 파괴력이 커지고
저기압이 자주 발달함

해수면이 높아지고
홍수가 자주 발생

북극의 얼음이
녹아서 사라짐

지구온난화는 기온 상승만 가리키지만, 기후변화는 집중호우의
발생 빈도 증가나 가뭄의 장기화와 같은 결과도 포함한다.

참고: 일본 환경성, 「기후변화의 영향(현재와 미래)」
(https://ondankataisaku.env.go.jp/coolchoice/weather/)

간 일본에서는 '선상강수대(線狀降水帶, 집중호우를 일으키는 선 모양
을 이루고 있는 비구름대 —옮긴이)'라는 단어가 자주 들리고, 유례없
는 기온 상승과 홍수로 인한 피해가 발생했는데, 이는 전형적인 기후
변화 사례라고 볼 수 있다.

전 세계 과학적 식견을 한데 모은 IPCC(기후변화에 관한 정부 간
협의체) Intergovernmental Panel on Climate Change 또한 극단적인 기상 현상에
주목하고 있으며, 이대로 온난화가 진행되면 막대한 피해가 닥칠 것이라
고 경고한 바 있다.

세계 연평균 기온 편차의 변화

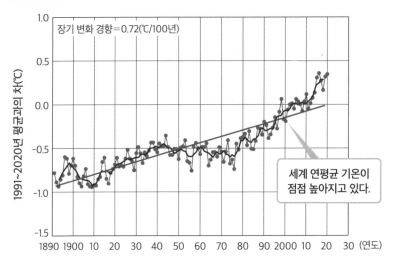

장기 변화 경향＝0.72(℃/100년)

1991~2020년 평균과의 차(℃)

세계 연평균 기온이
점점 높아지고 있다.

참고: 일본 기상청, 「세계의 연평균 기온」
(https://www.data.jma.go.jp/cpdinfo/temp/an_wld.html)

정리

- 지구온난화로 인해 일어나는 기후변화.
- 집중호우와 홍수 빈도의 증가로 알 수 있듯이 기후변화는 꾸준히 진행되고 있다.

004

기후변화에 대비하지 않으면 미래는 없다?

평균 기온이 5.7℃ 상승하면 위기에 빠질 인류

기후변화는 현재진행형이며, 개발도상국만의 문제가 아니다. 미국 서부 해안 지역에서 산불이 잇따르고, 유럽이 기상 관측 사상 최악의 폭염으로 신음하는 등 선진국도 큰 피해를 보고 있다. 일본도 예외는 아니다. 최근 들어 한 해가 멀다 하고 호우 피해가 발생하고 있으며, 기상청에서도 기후변화의 영향을 인정하는 추세다. 하지만 지구의 평균 기온은 공업화 이전인 1850~1900년과 비교했을 때 고작 1℃밖에 상승하지 않았다. 다시 말해 단 1℃만 상승하더라도 이만큼 타격을 입는 것이 바로 기후변화인 것이다.

전 세계는 지금 기후변화 대책에 관해 논의를 거듭하는 한편, 탈탄소화를 중시하는 방향으로 나아가기 시작했지만, 기후변화를 막기에는 역부족이다. 지난 2021년 8월, IPCC에서 발표한 최신 보고서에 따르면 기후변화에 대비하지 않는 상황을 가정한 최악의 시나리오 'SSP5-8.5'가 실현될 경우, 2081~2100년의 세계 평균 기온은 공업화 이

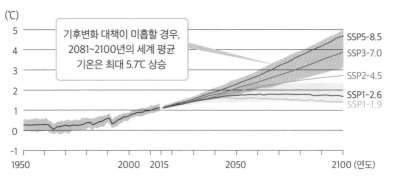

세계 평균 기온의 변화 예측

(℃)

기후변화 대책이 미흡할 경우,
2081~2100년의 세계 평균
기온은 최대 5.7℃ 상승

SSP5-8.5
SSP3-7.0
SSP2-4.5
SSP1-2.6
SSP1-1.9

1950   2000 2015   2050   2100 (연도)

참고: IPCC, 「제6차 평가보고서 제1실무그룹 보고서(자연과학적 근거)」

전보다 최대 5.7℃ 상승할 전망이다. 평균 기온이 5.7℃ 상승하면 무더위나 홍수 등 기상 이변으로 인한 피해가 커지고, 말라리아를 비롯한 열대성 전염병이 퍼지며, 수많은 생물 종이 사라져 생물 다양성이 낮아지고, 세계 식량 생산량이 감소할 것으로 보인다. 그리고 이러한 현상들이 가리키는 곳에는 인류의 위기가 기다리고 있다.

평균 기온이 1℃만 상승해도 오늘날과 같은 사태가 벌어진다. 5.7℃나 상승하면 어떻게 될지 굳이 말할 필요는 없을 것이다. 미래를 지키려면 지금 당장 기후변화 대책을 세워야 한다.

제6차 평가보고서 중 SSP 시나리오

SSP: Shared Socioeconomic Pathways(공통사회경제경로)
 → 향후 100년간 경제와 사회가 밟아 나가야 할 변화의 경로

시나리오	개요
SSP1-1.9	지속가능한 발전을 통해 기온 상승을 1.5℃ 이하로 제한하는 시나리오 • 21세기 말 기온 상승(공업화 이전 기준)을 1.5℃ 이하로 제한할 수 있는 정책 도입 • 21세기 중반에는 이산화탄소 실질 배출량 제로를 달성할 전망
SSP1-2.6	지속가능한 발전을 통해 기온 상승을 2℃ 미만으로 제한하는 시나리오 • 21세기 말 기온 상승(공업화 이전 기준)을 2℃ 미만으로 제한할 수 있는 정책 도입 • 21세기 후반에는 이산화탄소 실질 배출량 제로를 달성할 전망
SSP2-4.5	중간 단계의 발전을 통해 기온 상승을 2℃ 미만으로 제한하는 시나리오 • 각국에서 제출한 '2030년 국가 온실가스 감축목표(NDC)'를 집계했을 때 온실가스 배출량 상한선과 거의 일치
SSP3-7.0	지역 대립적 발전을 추구하며 기후 정책을 도입하지 않는 시나리오
SSP5-8.5	화석연료 의존형 발전을 추구하며 기후 정책을 도입하지 않는 최대 배출량 시나리오

참고: IPCC, 「제6차 평가보고서」와 일본 환경성 자료

정리

　평균 기온이 1℃만 상승해도 막대한 피해가 발생하는 기후변화.
　지금부터 기후변화에 대응하지 않으면 인류는 위기를 맞이할 것이다.

온실가스의 발생원과
지구에 미치는 영향

화석연료를 태울 때마다 뜨거워지는 지구

산업혁명 이후, 특히 20세기 중반 이래로 평균 기온은 단기간에 빠르게 상승했다. 여기에는 약 10만 년 주기로 되풀이되는 빙하기-간빙기 사이클의 일환이라는 의견과 태양 활동이 활발해지면서 일어나는 현상이라는 의견이 있다. 다만 약 2만 년 전 빙하기에서 간빙기로 접어들 당시와 비교해 지금은 평균 기온이 10배 이상 빠르게 상승하고 있으며, 태양 활동에서도 이상한 점은 관측되지 않았다. 한편 과학계에서는 오늘날의 기온 상승은 인간의 활동으로 인한 것이라는 분석이 잇따라 나오고 있다.

사람들은 온실가스 배출에 대해 주목하기 시작했다. 지구는 태양으로부터 에너지를 받은 다음, 거의 비슷한 양의 에너지를 적외선 형태로 우주를 향해 방출한다. 이때 적외선을 흡수해 지구를 데우는 것이 대기다. 대기에는 이산화탄소와 같은 온실가스가 포함되어 있는데, 온실가스는 적외선을 흡수했다가 재방출하는 성질이 있다. 이러한 성질

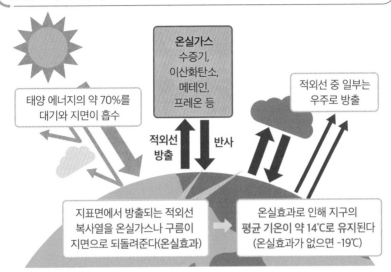

온실효과의 원리

태양 에너지의 약 70%를
대기와 지면이 흡수

온실가스
수증기,
이산화탄소,
메테인,
프레온 등

적외선 중 일부는
우주로 방출

적외선
방출

반사

지표면에서 방출되는 적외선
복사열을 온실가스나 구름이
지면으로 되돌려준다(온실효과)

온실효과로 인해 지구의
평균 기온이 약 14℃로 유지된다
(온실효과가 없으면 -19℃)

참고: 일본 기상청, 「열섬 현상과 지구온난화는 다른가요?」
(https://www.data.jma.go.jp/cpdinfo/himr_faq/03/qa.html)

로 인해 지면에서 방출된 적외선이 대기에 축적되었다가 다시 지면으로 돌아가 지면 근처의 대기를 따뜻하게 하는 것이다.

즉, 이산화탄소를 비롯한 온실가스가 증가하면 지구를 데우는 효과도 커진다. 그리고 온실가스는 화석연료를 태울 때 가장 많이 발생하며, 화석연료는 지구가 땅속 깊숙이 모아둔 탄소 덩어리다. 따라서 화석연료를 태우면 대기 중 이산화탄소 농도가 높아진다. 산업혁명 이후 세계 경제가 성장했던 만큼 화석연료 사용이 빠르게 늘었고, 기후변화도 단숨에 진행되었다. 화석연료 중에서도 특히 석탄은 이산화탄소를 많이 배출하기 때문에 기후변화 대책을 세우는 데 있어 주의가 필요하다.

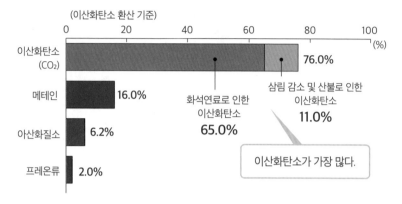

온실가스 총 배출량 중 가스별 비율

(이산화탄소 환산 기준)

이산화탄소 (CO₂): 76.0%
- 화석연료로 인한 이산화탄소 65.0%
- 삼림 감소 및 산불로 인한 이산화탄소 11.0%

이산화탄소가 가장 많다.

메테인: 16.0%

아산화질소: 6.2%

프레온류: 2.0%

참고: 일본지구온난화방지활동추진센터(JCCCA), 「온난화란 무엇인가? 지구온난화의 원인과 예측」
(https://www.jccca.org/global-warming/knowleadge01)

 정리

- 온실가스는 적외선을 흡수해 지구의 온도를 상승시킨다.
- 이산화탄소를 다량 배출하는 화석연료는 기후변화의 주범이다.

파리협정은 무엇을
규정할까?

5년마다 제출하는 온실가스 감축 목표

지구 전체의 과제인 기후변화는 어느 한 나라만 대처해서는 해결할 수 없다. 따라서 유엔은 1990년대 초부터 꾸준히 기후변화 대책에 관한 논의를 주도해 왔다. 그리고 사상 최초로 유엔기후변화협약UNFCCC 당사국 총회(교토의정서에는 당시 개발도상국이었던 중국과 인도가 온실가스 감축 대상에서 제외되었다―옮긴이)가 지구온난화의 원인인 온실가스 감축에 나서기로 약속한 것이 파리협정Paris Agreement이다. 2015년 12월에 채택된 파리협정은 세계 온실가스 총 배출량의 55%를 차지하는 55개국이 비준해야 한다는 발효 조건을 충족하여 채택된 지 불과 1년 만인 2016년 11월에 정식으로 발효되었다. 파리협정은 전 세계가 기후변화 대책의 중요성에 대한 인식을 하나로 모은 사건이며, 파리협정 발효를 계기로 탈탄소화를 향한 움직임이 궤도에 올랐다.

　파리협정의 획기적인 점은 '탈탄소화'라는 공통된 목표를 향해 선진국과 개발도상국의 구분 없이 모든 국가가 5년마다 온실가스 감축 목표를

파리협정의 개요

전 세계가 공유하는 장기 목표 온도 상승은 최대 2℃, 가능하면 1.5℃로 제한하고자 노력한다.	국가별 감축 목표 제출 모든 당사국은 5년마다 온실가스 감축 목표를 제출 및 갱신한다.	국가별 이행 상황 보고 모든 당사국은 이행 상황을 보고하고 의견을 받는다.	적응을 위한 장기 목표 설정 국가별로 기후변화 적응 계획을 세우고 행동으로 옮기며, 관련 평가보고서를 제출 및 갱신한다.
기술 혁신 기술 혁신의 중요성을 강조한다.	이행 상황 점검 5년마다 전 세계의 이행 상황을 점검(Global Stocktake)한다.	자금 제공 당사국은 자금을 제공한다 (개발도상국은 의무 사항 아님).	시장 원리 활용 양국 간 배출권 거래 제도(JCM)와 같은 시장 원리를 활용한다.

모든 나라가 온실가스를 감축하기 위해
노력할 것을 약속

참고: 일본 외무성, 「2020년 이후 새로운 기후체제: 파리협정」(2020년 4월)
(https://www.mofa.go.jp/mofaj/ic/ch/page1w_000119.html)

제출하고 갱신하도록 규정했다는 것이다. 감축 목표를 어떻게 설정할지
는 각 나라에 달렸지만, 5년마다 갱신할 때는 이전의 목표보다 감축량
을 늘려야 하므로 전 세계가 힘을 합쳐 탈탄소화로 나아갈 수 있게 되었
다. 장기적인 목표로는 산업혁명 이후 지구 평균 기온이 2℃ 상승에 머
물도록 하고, 가능하면 1.5℃로 제한할 수 있도록 노력하는 것이다.

세계 각국은 이제 막 탈탄소화에 주목하기 시작했다. 협정 자체는
2020년 이후 온실가스 배출량 감축 등에 관한 내용을 담고 있지만, 파
리협정을 계기로 탈탄소화를 향한 발걸음이 한층 빨라질 것으로 기대
되고 있다.

미국의 파리협정 복귀

2017년 트럼프 전 대통령이 **탈퇴**했다가 2021년 바이든 대통령이 **복귀**하는 식으로 온난화를 놓고 의견이 갈리고 있다.

바이든 대통령　　　　　　　　　　　　　　　　　트럼프 전 대통령

바이든 대통령		트럼프 전 대통령
대통령에 당선되자마자 복귀.	파리협정	불공평하며 미국 경제를 몰락시킬 수 있다는 이유로 탈퇴.
2035년까지 발전소의 온실가스 배출량 제로를 목표로 투자 추진.	재생에너지	화석연료가 풍부하다는 미국의 강점이 무색해지므로 추진하지 않는다.
당장 대처해야 하는 인류의 위기.	지구온난화	날조이므로 신경 쓸 필요 없다.

참고: 미국 대통령 선거 당시 각자의 주장.

정리

- 파리협정은 전 세계가 탈탄소화를 추진하게 된 역사적인 합의다.
- 각 국가가 힘을 합쳐 온도 상승을 2℃로 제한해야 한다.

일본 탄소중립의
현주소

다소 뒤처지기는 하나
탈탄소화에 대한 공감대가 형성되고 있다

과거 일본은 에너지 절약에 힘쓰는 한편, 기후변화 대책 분야에서도 전 세계를 선도했다. 하지만 탈탄소 사회로 향하는 발걸음은 2010년대에 들어 부쩍 더뎌졌다. 그 원인 중 하나로 2011년 후쿠시마 원자력발전소 사고를 들 수 있다. 사고 직후 일본은 원자력발전소 가동을 중단하고, 이로 인한 전력 공백을 메우고자 화력발전의 비중을 늘렸다. 지금도 전력량의 70% 이상을 화력발전이 책임지고 있다(우리나라는 화력발전이 2018년 기준 87%를 책임진다). 게다가 석탄화력발전소를 활발히 수출한 전적도 있어 지구온난화 대처에 소극적인 국가를 선정해 야유의 의미를 담아 수여하는 '화석상Fossil of the Day Award'을 몇 번이나 수상하기도 했다. 또한 전 세계가 뜻을 모은 파리협정에 관해서도 국내 비준 절차가 늦어지는 바람에 파리협정 발효 이후 첫 당사국총회에 정식 회원국이 아닌 옵서버로 참가하는 등 탈탄소화의 파도를 번번이 눈앞에서 놓

탄소중립을 실현하기 위한 그린 성장 전략

에너지 관련 산업	**해상풍력** 풍차 본체 및 부품, 부유식 해상풍력	**연료 암모니아** 발전용 버너(수소사회 이행기의 탈탄소 연료)
	수소 가스터빈, 수소환원제철, 수소 운반선, 수전해 장치	**원자력** 소형 모듈 원자로(SMR), 원자력을 이용한 수소 제조
운송·제조 관련 산업	**자동차·배터리** 전기차, 수소전기차, 차세대 배터리	**반도체·정보통신** 데이터센터, 에너지 절약형 반도체(수요측 효율화)
	선박 연료전지선박, 전기추진선박, 친환경 연료 추진선 (수소, 암모니아 등)	**물류·교통·토목 인프라** 스마트 교통, 물류 드론, 연료전지 건설기계
	식품·농림수산 스마트 농업, 고층건물의 목조화, 블루카본	**항공기** 하이브리드화, 수소항공기
	탄소 재활용 콘크리트, 바이오연료, 플라스틱 원료	
가정·사무 관련 산업	**주택·건축물/ 차세대 태양광발전** (페로브스카이트※)	
	자원 순환 바이오 소재, 재생재, 폐기물을 이용한 발전	**라이프 스타일** 지역 중심의 탈탄소화 비즈니스

2050년 탄소중립을 실현하기 위해 성장 가능성이 크면서 온실가스 감축 관점에서도 주목할 필요가 있는 14개 분야와 솔루션을 선정

※ 결정 구조를 갖는 물질로 태양전지에 쓰인다(220쪽 참조).

참고: 일본 자원에너지청, 「탄소중립을 위한 산업 정책, '그린 성장 전략'이란?」(2021년 5월)
(https://www.enecho.meti.go.jp/about/special/johoteikyo/green_growth_strategy.html)

쳤다.

그러나 2020년 10월, 일본 정부가 **2050년 탄소중립 실현**을 선언하면서 분위기가 뒤바뀌었다. 이는 국가 전체가 2050년까지 탄소중립 실현을 목표로 노력할 것이라는 의미다. 구체적인 실행 방안으로 일본 정부는 그린 성장 전략(71쪽 참고)과 2050년에 이르는 탈탄소 로드맵을 발표했다. 지난 2021년 4월에는 2030년까지 온실가스를 2013년 대비 46% 줄인다는 중간 목표도 발표했다(65쪽 참고). 연이은 탈탄소화 정책 발표를 계기로 탄소중립을 선언하는 일본 기업이 속속 나오면서 탈탄소 사회를 향한 분위기는 뜨겁게 달아오르고 있다.

 정리

- 화력발전의 비중이 높은 일본은 기후변화 대책 면에서 다소 뒤처져 있다.
- 2050년 탄소중립 선언으로 탈탄소화를 향한 분위기가 조성되고 있다.

탄소중립이 기업의 주가에 미치는 영향

앞으로는 탈탄소화를 추진하는 기업에 투자가 몰릴 것

오늘날 투자의 세계에서는 단순히 수익률에 매달리기보다 사회적인 책임을 갖고 투자하는 것을 중요하게 여긴다. 실제로 많은 기관과 투자자들이 유엔에서 발표한 '책임투자원칙PRI'에 긍정적이며, 해당 원칙을 따르는 'ESG 투자'가 빠르게 확대되고 있다. ESG는 환경Environment, 사회Social, 지배구조Governance의 머리글자를 딴 용어로, 최근에는 기후변화가 빠르게 진행되면서 세 가지 요소 중에서도 탈탄소를 포함한 E가 중요해지고 있다. 2020년 미국의 대형 자산운용사 블랙록BlackRock이 총 25조 달러의 자산을 관리하는 기관 투자자 425명을 대상으로 한 설문조사에 따르면 90%에 가까운 투자자가 E에 우선순위를 두고 나머지 S나 G보다 훨씬 많은 액수를 투자할 것이라고 밝혔다.

ESG나 지속가능성에 대한 투자액은 빠르게 증가하고 있으며, 그 효과는 자연히 탈탄소화를 위해 노력하는 기업으로 흘러 들어간다. 실제로 탈탄소화에 적극적인 기업의 주가는 상승 곡선을 그리고 있다. 지난

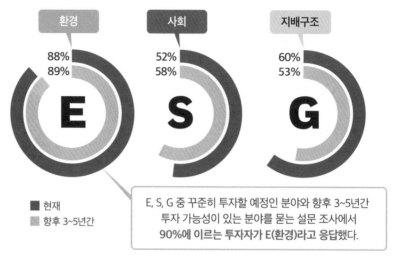

현재와 향후 3~5년간 투자 가능성이 있는 분야

총 25조 달러를 운용하는 기관 투자자 425명을 대상으로 한 설문 조사 결과

환경
88%
89%
E

사회
52%
58%
S

지배구조
60%
53%
G

■ 현재
■ 향후 3~5년간

E, S, G 중 꾸준히 투자할 예정인 분야와 향후 3~5년간 투자 가능성이 있는 분야를 묻는 설문 조사에서 90%에 이르는 투자자가 E(환경)라고 응답했다.

참고: 블랙록, 「2020 Global Sustainable Investing Survey」

2020년에는 미국의 전기차 기업 테슬라(183쪽 참고)의 시가총액이 도요타자동차를 뛰어넘었다는 사실이 화제가 되었다. 또 덴마크의 전력회사이자 재생에너지에 중점을 둔 오스테드ørsted의 주가도 급등했는데, 도쿄전력과 간사이전력을 비롯한 일본 10대 전력회사의 시가총액을 합친 것보다 오스테드의 시가총액이 높다는 사실은 탈탄소 시대의 단적인 예시라고 할 수 있다. 일본에서도 수소를 취급하는 이와타니산업이나 재생에너지 사업자인 레노바RENOVA의 주가가 큰 폭으로 상승하고 있다. 기업의 관점에서도 탈탄소화는 눈을 뗄 수 없는 분야다.

재생에너지 기업의 주가 상승세

오스테드의 주가 추이(DKK: 덴마크 크로네)

(DKK)

재생에너지에 중점을 두는 오스테드의
주가는 일본의 10대 전력회사
시가총액의 주가 합계를 웃돈다.

1,351.50

1,072.12

792.75

513.37

234.00

2017   2018   2019   2020   2021   (연도)

 정리

- 전 세계적으로 ESG와 지속가능성에 대한 투자가 급등하고 있다.
- 탈탄소화에 기여하는 기업은 브랜드 가치가 빠르게 상승하고 있다.

009

금융기관은 이제 '탄소'에 투자하지 않는다?

탄소 배출량이 많은 기업은 투자도 융자도 받지 못한다

ESG나 지속가능성에 대한 투자가 증가하면 당연히 투자가 감소하는 분야도 생긴다. 전 세계적으로 탈탄소화를 향한 흐름이 거세지는 오늘날에는 이산화탄소 배출량이 많은 분야가 저평가되고, 화석연료에 기반을 둔 기업의 주가가 떨어지는 추세다. 이러한 상황 속에서 **탄소 의존도가 높은 비즈니스로부터 투자를 회수하는 '다이베스트먼트**divestment'도 활발해지고 있다. 이러한 비즈니스는 암초에 걸린 배처럼 투자액을 회수할 가망이 거의 없다는 의미에서 '좌초자산stranded assets'이라고 불린다. 특히 궁지에 몰린 분야는 이산화탄소를 많이 배출하는 석탄화력발전이다. 실제로 최근 석탄화력발전 자산을 가진 기업에 대한 다이베스트먼트가 본격화되고 있다.

그동안 석탄화력발전에 주력한 일본은 대형 상사商社를 중심으로 석탄화력발전 자산을 보유하고 있는데, 다이베스트먼트는 이러한 일본 기업에도 파장을 일으키고 있다. 스미토모상사는 2020년 오스트레일리

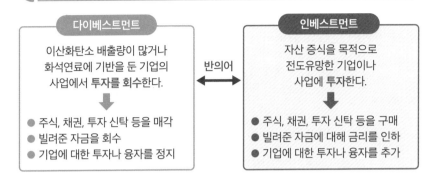

다이베스트먼트와 인베스트먼트

다이베스트먼트
이산화탄소 배출량이 많거나 화석연료에 기반을 둔 기업의 사업에서 **투자를 회수**한다.

반의어 ↔

인베스트먼트
자산 증식을 목적으로 전도유망한 기업이나 사업에 **투자**한다.

● 주식, 채권, 투자 신탁 등을 매각
● 빌려준 자금을 회수
● 기업에 대한 투자나 융자를 정지

● 주식, 채권, 투자 신탁 등을 구매
● 빌려준 자금에 대해 금리를 인하
● 기업에 대한 투자나 융자를 추가

일본 대형 상사의 석탄화력발전 자산을 둘러싼 대응 전망

이토추상사
2023년까지 발전용 석탄의 권익에서 완전 철수

미쓰이물산
2050년까지 온실가스 배출량 실질적인 제로 달성

마루베니
2050년까지 석탄화력발전 관련 사업에서 완전 철수

미쓰비시상사
2050년까지 석탄화력발전 관련 사업에서 완전 철수

스미토모상사
2040년대 후반 석탄화력발전 관련 사업으로부터 완전 철수

이토추상사는 서둘러 석탄화력발전과의 결별을 발표했으며 석탄화력발전에 대한 다이베스트먼트를 진행 중이다.

아의 석탄화력발전 사업에서 250억 엔의 손실을 기록했으며, 이토추상사와 미쓰이물산은 석탄화력발전 자산 매각을 발표했다. 한편 미쓰비시UFJ파이낸셜그룹MUFG은 2050년까지 투융자 포트폴리오의 온실가스 배출량 넷 제로Net Zero를 실현할 것이라고 발표했다. 앞으로 탄소 배

출량이 많은 기업은 투자도 융자도 받을 수 없는 셈이다. 이러한 흐름은 일본이라고 해서 예외는 아니므로 일본 내 화석연료 관련 기업은 탈탄소로의 전환에 노력을 기울이고 있다. 이는 에네오스ENEOS나 도쿄가스와 같은 기업이 수소나 재생에너지 분야로 진출하는 것만 보더라도 알 수 있다.

정리

- 탄소 배출량이 많은 기업으로부터 투자를 회수하는 움직임이 대세이다.
- 화석연료 관련 기업은 탈탄소로의 전환에 주력하고 있다.

010

무역에 '탄소 세금'이 부과될지도 모른다?

기후변화에 발 빠르게 대처하는 국가가 세금을 징수할 것

오늘날 전 세계 기후변화 대책을 살펴보면 국가에 따라 격차가 크다. 최근 들어 탈탄소화 추진이 경제 성장의 기회라는 생각이 대세로 자리 잡고 있지만, 원래 탈탄소화는 기후변화 대책으로는 효과적이어도 경제 성장에서는 걸림돌로 여겨져 왔다. 그러나 지금은 탄소중립으로 향하는 이행기이며, 선행 국가 입장에서는 자국 산업이 기후변화 대책 비용을 일방적으로 부담하게 될 것을 걱정할 수밖에 없다. 이러한 불공정을 바로잡는 것이 탄소국경조정제도CBAM, Carbon Border Adjustment Mechanism다.

탄소국경조정제도가 도입되면 기후변화에 발 빠르게 대처하는 나라가 상대적으로 뒤처지는 나라의 수출품에 탄소국경세를 부과할 수 있다. 국제 사회에서는 아직 논의 중이지만 유럽은 지난 2021년 7월에 가장 먼저 도입 계획을 발표했다. 온실가스 배출량이 많은 5개 품목인 철강, 시멘트, 비료, 알루미늄, 전력을 과세 대상으로 삼고 2026년부터 세금 징수를 비롯해 본격적으로 시행한다는 내용이다. 다만 사실상 관세나

탄소국경조정제도의 구조

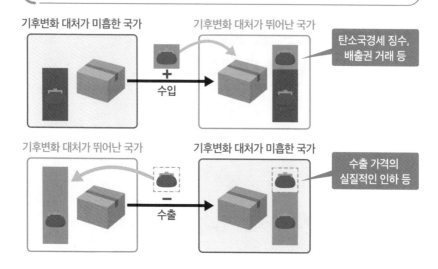

기후변화 대처가 미흡한 국가

기후변화 대처가 뛰어난 국가

수입

탄소국경세 징수, 배출권 거래 등

기후변화 대처가 뛰어난 국가

기후변화 대처가 미흡한 국가

수출

수출 가격의 실질적인 인하 등

탄소국경조정제도의 장단점

장점	단점
탈탄소화를 위해 노력하는 기업의 가격 경쟁력이 낮아지는 사태를 막는다.	타국과 **심각한 무역 마찰을 일으킬 우려**가 있다(국제 규칙과 정합성을 검토할 필요가 있음).
자국 산업의 탈탄소화 수준이 높고 탄소세 등의 규제가 엄격할 경우 **산업 보호 효과**가 있다.	투명하면서 정확하고 통일된 기준으로 과세 근거가 되는 이산화탄소 배출량을 산정하기가 힘들다.
외국 기업에도 기후변화 대응을 촉구할 수 있으므로 세계적인 온실가스 배출량 저감에 도움이 된다.	**수입품의 가격이 올라** 소비자에게 악영향을 미칠 수 있다.

마찬가지이므로 기후변화 대책을 방패 삼아 자국의 산업을 보호하려는 의도가 담겨 있다고도 볼 수 있다. 앞으로 탄소국경세가 환경 선진국이 다른 나라의 산업 경쟁력을 깎아내리는 데 활용하는 도구로 전락하지 않도록 유심히 지켜보아야 할 것이다.

한편 자국 기업을 대상으로 탄소 배출에 가격을 부과하기도 하는데, 이를 탄소가격제Carbon Pricing라고 한다. 이러한 정책을 통해 시대는 이산화탄소 배출을 비용으로 받아들이기 시작했다.

정리

- 기후변화에 대처하는 기업이 불이익을 받지 않도록 탄소에 관세를 매긴다.
- 앞으로는 이산화탄소 배출이 곧 비용이다.

011

이미 시작된
PPA 쟁탈전

남들보다 먼저 재생에너지 전기를 확보하는
기업 전략이 필요

기업 역시 탈탄소화를 고민해야 하는 시대가 되었다. 기업이 가장 먼저 실천할 수 있는 일은 전력의 탈탄소화다. 재생에너지 전기를 도입하면 기업 내 전력 소비로 인한 이산화탄소 배출량을 제로로 만들 수 있다. 게다가 재생에너지에 드는 비용도 점점 낮아지는 추세다. 앞으로 탄소 배출에 비용이 부과된다는 사실을 고려하면, 재생에너지 전기를 안정적으로 공급받을 수 있는지는 기업 전략 관점에서도 중요해질 것이다.

이에 따라 해외에서는 기업을 비롯한 수요자가 **발전사업자로부터 전기를 직접 구매하는** PPA전력구매계약, Power Purchase Agreement가 트렌드로 자리 잡고 있다. GAFAM(글로벌 IT 기업인 구글, 애플, 페이스북, 아마존, 마이크로소프트—옮긴이)을 중심으로 서구권 유수의 기업들이 PPA를 통한 재생에너지 구매 전쟁에 뛰어들고 있는데, 2020년 말 기준 세계 재생에너지 구매 기업 1위는 아마존이다.

PPA의 종류

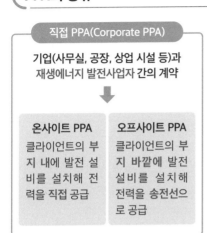

직접 PPA(Corporate PPA)

기업(사무실, 공장, 상업 시설 등)과
재생에너지 발전사업자 간의 계약

⬇

온사이트 PPA
클라이언트의 부
지 내에 발전 설
비를 설치해 전
력을 직접 공급

오프사이트 PPA
클라이언트의 부
지 바깥에 발전
설비를 설치해
전력을 송전선으
로 공급

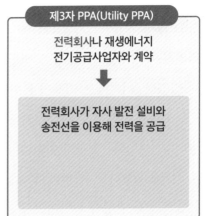

제3자 PPA(Utility PPA)

전력회사나 재생에너지
전기공급사업자와 계약

⬇

**전력회사가 자사 발전 설비와
송전선을 이용해 전력을 공급**

세계의 직접 PPA 도입 추이

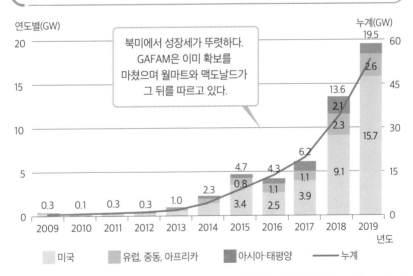

> 북미에서 성장세가 뚜렷하다.
> GAFAM은 이미 확보를
> 마쳤으며 월마트와 맥도날드가
> 그 뒤를 따르고 있다.

연도별(GW) / 누계(GW)

년도	미국	유럽, 중동, 아프리카	아시아·태평양	연도별 합계
2009				0.3
2010				0.1
2011				0.3
2012				0.3
2013				1.0
2014				2.3
2015	3.4	0.8		4.7
2016	2.5	1.1		4.3
2017	3.9	1.1		6.2
2018	9.1	2.3	2.1	13.6
2019	15.7		2.6	19.5

■ 미국 ■ 유럽, 중동, 아프리카 ■ 아시아·태평양 — 누계

참고: 일본 자원에너지청, 「'재생에너지형 경제 사회'를 만들기 위해」(2020년 7월 22일)
(https://www.meti.go.jp/shingikai/enecho/denryoku_gas/saisei_kano/pdf/018_02_00.pdf)

이러한 흐름은 일본이라고 해서 예외는 아니다. 세븐일레븐으로 잘 알려진 세븐&아이홀딩스는 2021년에 일본 최초로 오프사이트 PPA를 통해 재생에너지 전기를 마련한다고 발표했다. 이 외에도 탈탄소화를 추진하는 기업을 중심으로 PPA를 통한 재생에너지 전기 구매가 늘어나고 있다. 여기에는 이유가 있다. 다가오는 탈탄소 시대에서 전력의 탈탄소화는 선택이 아닌 의무가 될 것이다. 하지만 일본의 재생에너지 발전량은 수요를 맞추기에 턱없이 부족하다. 즉 남들보다 빨리 재생에너지 전기를 확보하는 기업이 유리해질 수밖에 없는 구조다. 세계 곳곳에서 PPA를 향한 관심이 높아지고 일본 역시 탈탄소화에 대한 요구가 커지는 만큼 PPA 쟁탈전은 나날이 치열해질 전망이다.

정리

- 기업이 재생에너지 발전사업자로부터 전기를 직접 구매하는 직접 PPA.
- PPA 쟁탈전에서 승리해 재생에너지 전기를 확보하는 기업이 유리해질 것이다.

기온 상승으로 인한
온열 질환과 농수산물의 피해

기후변화의 영향이라고 하면 호우 피해를 떠올리기 쉽지만, 이에 못지않게 폭염으로 인한 사망 사고나 온열 질환자도 눈에 띄게 늘고 있다. 2010년과 2018년에 일본에서는 연일 기록적인 무더위가 이어졌던 탓에 예년보다 사망자가 많이 발생했는데, 앞으로 기후변화가 심각해질수록 폭염 일수도 늘어날 것으로 보인다. 실제로 일사병과 열사병 등 온열 질환으로 인한 이송환자 수와 사망자 수는 매년 증가하고 있는데, 특히 조심해야 하는 사람은 노년층이다. 우리 몸은 나이가 들수록 기온 변화를 감지하기 힘들어진다. 온열 질환으로 인한 이송환자 수만 보더라도 65세 이상의 노년층이 절반에 이른다. 고령화 사회가 빠르게 진행되고 있는 만큼 기온 상승 문제에 서둘러 대응해야 할 것이다.

최근 호우로 인한 홍수 피해가 속출하고 있지만, 전체를 놓고 봤을 때 연 강수일수는 오히려 줄어들고 있다. 앞으로 일본이 물 부족 현상에 시달릴지도 모른다는 전망이 나올 정도다. 수산업 역시 해류의 변화 등 온난화의 영향권 아래 놓인 산업 중 하나다. 물론 온난화만 원인이라고는 할 수 없다. 예를 들어, 동해에서는 방어나 삼치의 어획량이 증가하고 오징어 어획량은 대폭 감소하는 등의 변화가 나타나면서 수산업 종사자의 생계에 영향을 주고 있다. 농업과 관련해서는 기온 상승으로 인해 일부 지역에서 벼의 품질이 낮아지고 있으며, 과수원에서도 사과와 포도의 착색 불량, 온주밀감의 껍질 들뜸 및 그을음, 일본배의 발아 불량 등이 발생하고 있다.

기후변화는 기상 패턴이 일반적인 상태를 벗어나는 현상으로, 자연환경은 이러한 변화에 민감하게 반응한다. 기후변화를 막지 못하면 우리는 뉴스뿐만 아니라 일상 속에서도 기후변화의 영향력을 몸소 느끼게 될 것이다.

전 세계는 지금

탄소중립을
향한 세계
각국의 움직임

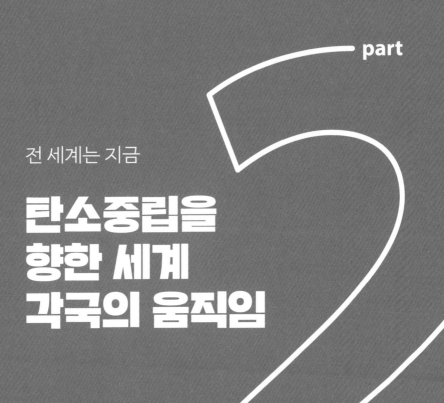

[012 🌱

기후변화 협상에서
패권을 차지할 나라는?

책임의 크기는 나라에 따라 다르다는 주장

기후변화는 모든 나라가 힘을 합쳐 해결해야 하는 지구 전체의 문제다. 따라서 국제 사회는 1992년에 유엔기후변화협약을 채택하고, 1995년부터 거의 매년 당사국총회COP를 개최해 기후변화에 대한 대책을 논의하고 있다.

하지만 이산화탄소 배출과 경제 성장은 떼려야 뗄 수 없는 관계이며, 나라마다 배출량도 다르다. 그러다 보니 각 나라의 견해가 팽팽히 맞서면서 한동안 실질적인 이산화탄소 배출량 저감을 위한 합의점에 다다르지 못했다. 가장 큰 쟁점은 '공동의 그러나 차별화된 책임'을 뜻하는 CBDRCommon But Differentiated Responsibilities 원칙이다. 해당 원칙은 모든 나라가 기후변화를 막기 위해 노력할 책임이 있다는 사실은 인정하면서도 책임의 크기는 나라에 따라 다르다는 주장이다. 개발도상국의 관점에서 보면 선진국의 경제 성장은 이산화탄소 위에 세워진 것이나 마찬가지이기 때문에, 자연스럽게 선진국의 책임이 더 크다는 생각이 밑

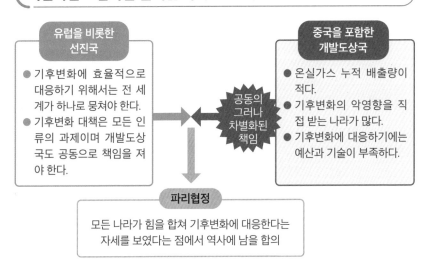

이산화탄소 감축을 둘러싼 국가 및 지역별 주장

유럽을 비롯한
선진국

● 기후변화에 효율적으로
대응하기 위해서는 전 세
계가 하나로 뭉쳐야 한다.
● 기후변화 대책은 모든 인
류의 과제이며 개발도상
국도 공동으로 책임을 져
야 한다.

중국을 포함한
개발도상국

● 온실가스 누적 배출량이
적다.
● 기후변화의 악영향을 직
접 받는 나라가 많다.
● 기후변화에 대응하기에는
예산과 기술이 부족하다.

공동의
그러나
차별화된
책임

파리협정

모든 나라가 힘을 합쳐 기후변화에 대응한다는
자세를 보였다는 점에서 역사에 남을 합의

바탕에 깔려 있다. 중국 또한 CBDR 원칙을 강하게 내세우고 있다.

이러한 상황을 일단락 지은 것이 2015년에 채택된 파리협정(29쪽 참고)이다. 파리협정은 선진국과 개발도상국의 구분 없이 **기후변화에 대응한다는 의지가 담긴 조약**이라는 점에서 역사에 남을 합의다. 환경 문제에 적극적인 유럽의 선도 아래, 이산화탄소 배출량이 많은 미국과 중국이 파리협정에 동조한 영향이 컸다. 게다가 2020년부터는 여러 나라가 잇따라 탄소중립을 선언하면서 탈탄소 사회를 향한 움직임이 속도를 내기 시작했다. 패권 다툼의 양상으로 흘러가는 국제 기후변화 협상에 대해 어떤 나라가 우위를 차지할지, 총칼 없는 전쟁에서 눈을 뗄 수가 없다.

세계 에너지 관련 이산화탄소 배출량 추이(1990~2016년)

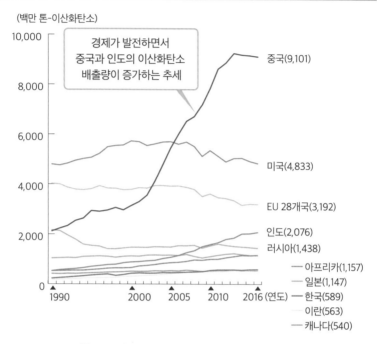

(백만 톤-이산화탄소)

경제가 발전하면서 중국과 인도의 이산화탄소 배출량이 증가하는 추세

중국(9,101)

미국(4,833)

EU 28개국(3,192)

인도(2,076)

러시아(1,438)

아프리카(1,157)

일본(1,147)

한국(589)

이란(563)

캐나다(540)

1990 2000 2005 2010 2016 (연도)

참고: IEA, 「CO₂ EMISSIONS FROM FUEL COMBUSTION 2018 Highlights」

 정리

- 책임의 크기는 나라에 따라 다르다는 주장으로 인해 합의가 이루어지지 않는다.
- 선진국과 개발도상국의 구분 없이 기후변화에 대응하기로 합의한 파리협정.

그린 리커버리로 코로나 침체를 벗어날 수 있을까?

세계는 지금 탈탄소화로 경제를 일으킨다

2020년 코로나바이러스가 걷잡을 수 없이 퍼지자 세계 경제가 휘청거렸고 각 나라는 경제를 살리기 위해 머리를 싸매야 했다. 이러한 상황 속에서 유럽과 미국은 '그린 리커버리'라는 콘셉트를 내놓았다. 여기서 '그린'은 탈탄소를 가리키는 것으로, 즉 탈탄소를 실현하면서 경제를 일으킨다는 의미다. 세계 각국은 코로나라는 악재에서 벗어나는 데 있어 단순히 경제만 되살릴 것이 아니라 지속가능한 경제 모델을 지향할 필요가 있다고 생각하기 시작했다.

2016년 파리협정이 발효되자 탈탄소화를 향한 노력은 커다란 진전을 보였다. 재생에너지 비용이 큰 폭으로 낮아졌으며, 전기차와 수소에 관한 논의도 활발해졌다. 오늘날 탈탄소화는 기후변화에 대한 대책을 넘어 경제 성장의 필수 조건으로 자리 잡았다.

이에 따라 세계 각국은 탈탄소화가 경제 성장에 미치는 영향력에 주목하기 시작했다. 탈탄소화에 대한 정책 및 재정적 지원을 아끼지 않으면

그린 리커버리란?

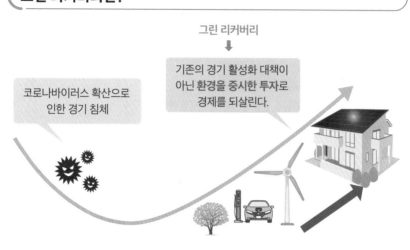

그린 리커버리

기존의 경기 활성화 대책이 아닌 환경을 중시한 투자로 경제를 되살린다.

코로나바이러스 확산으로 인한 경기 침체

그린 리커버리에 대한 주요 국가별 입장

미국

4년간 그린 리커버리에 2조 달러(약 2,400조 원) 이상 투자

2030년까지 전기차 충전 인프라 50만 대 설치 지원

2035년까지 전력 부문의 제로 에미션 실현

영국

그린 리커버리에 120억 파운드 (약 18조 원) 투자

2030년까지 친환경 일자리를 최대 25만 개 창출하는 '녹색 산업혁명' 계획

캐나다

기후변화 대책에 특화된 프로젝트(재생에너지 이용, 탄소 발자국을 줄이는 운송 등)의 자금 조달을 돕는 '녹색 채권 (Green Bond)'을 약 50억 캐나다 달러 (약 4조 6,000억 원) 규모로 발행

아마존은 이산화탄소 배출량 저감 방법을 개발하는 기업에 출자하는 한편, 기후변화 대책에도 20억 달러(약 2조 4,000억 원)를 투자한다고 밝혔다. 이러한 기업의 친환경 투자도 이목을 끌고 있다.

서 산업 진흥과 더불어 고용 창출을 노린다는 시책을 발표하는 나라도 속속 나타나고 있다. 먼저 선수를 친 곳은 EU다. EU는 2020년 5월에 발표한 경제 부흥책 패키지에서 'The twin green & digital transition', 즉 탈탄소와 디지털을 주축으로 그린 리커버리를 추진한다는 방침을 내보였다. 이후 미국과 영국이 EU의 전철을 따르고 일본도 그린 성장 전략을 발표하는 등 오늘날 그린 리커버리는 세계적인 대세라고 해도 과언이 아니다.

정리

- 오늘날 탈탄소화는 기후변화 대책을 넘어 경제 성장의 필수 조건이다.
- 유럽은 탈탄소와 디지털을 주축으로 경제를 일으키는 것을 목표로 한다.

석탄 의존도가
낮아지는 유럽과 미국,
여전히 높은 일본

**셰일 가스를 등에 업은 미국과
석탄화력발전을 폐지하는 유럽**

오늘날 일본은 전력 분야의 탈탄소화가 시급하다. 일본은 전체 전력의 70%를 화력발전에 의존하는데, 그중에서도 이산화탄소를 많이 배출하는 석탄화력발전의 비율이 30% 이상을 차지한다. 다른 주요국 중 일본과 비슷한 에너지 구성을 보이는 곳은 미국으로, 미국은 석탄과 천연가스를 합친 비율이 절반을 훌쩍 넘는다. 다만 미국은 두 가지 측면에서 일본과 사정이 다르다. 하나는 셰일 가스 자국 생산 등의 영향으로 천연가스 의존도가 빠르게 높아지면서 2010년대 이후 석탄 의존도가 낮아졌다는 점이고, 다른 하나는 재생에너지 도입량이 급격히 늘어나면서 전력 분야의 탈탄소화가 이루어지고 있다는 점이다.

한편 유럽에서는 원자력 강국인 프랑스가 전체 전력의 70% 이상을 원자력으로 충당하고 있다. 일찌감치 재생에너지 도입에 나선 독일은 재생에너지 비율이 40%에 이를 정도다. 영국은 해상풍력발전을 적극

주요국의 전력원 구성(2020년 기준, 10개국)

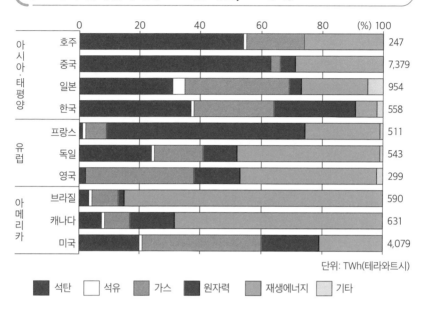

아시아·태평양	호주 247
	중국 7,379
	일본 954
	한국 558
유럽	프랑스 511
	독일 543
	영국 299
아메리카	브라질 590
	캐나다 631
	미국 4,079

단위: TWh(테라와트시)

■ 석탄　□ 석유　■ 가스　■ 원자력　■ 재생에너지　■ 기타

적으로 늘리고 있으며, 지난 2020년에는 2030년까지 가정에서 사용하는 모든 전기를 해상풍력발전으로 공급한다는 계획을 발표했다.

석탄화력발전은 영국, 프랑스, 독일 모두 전면 폐지한다는 방침이다. 미국도 2035년까지 에너지 분야 제로 에미션(17쪽 참고)을 실현한다는 목표를 내걸었다. 다른 주요국과 비교했을 때 일본의 전력 관련 탈탄소화 대책은 아쉬울 따름이다. 국토 면적이 좁고 재생에너지 도입이 힘들다는 제약을 극복하고 일본이 어떻게 탈탄소화를 추진할지 궁금해진다.

석탄을 이용한 발전량 비교

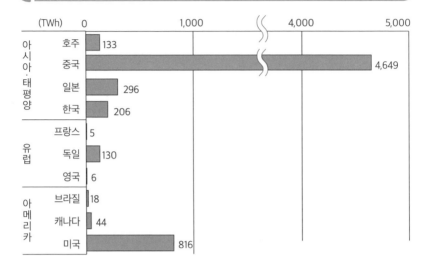

- 영국은 해상풍력, 프랑스는 원자력, 독일은 재생에너지 이용으로 탈탄소화를 추진한다.
- 미국은 2035년까지 전력 분야 제로 에미션 달성이라는 목표를 내걸었다.

015

석탄에 의존할 수밖에 없는 일본의 속사정

대지진 이후 안정적인 전력 공급이라는 중책을 맡은 화력발전

탄소중립이 화두로 떠오르고 탈탄소화가 시대의 흐름으로 자리 잡으면서 70%에 이르는 일본의 화력발전 비율이 주목을 받게 되었다. 사실 예전만 해도 이 정도로 높지는 않았다. 2000년의 화력발전 비율은 55%로 지금과 비교했을 때 매우 낮은 수준이었다. 이러한 분위기가 완전히 달라진 계기가 후쿠시마 제1원자력발전소 사고다. 사고 이후 원자력발전소는 안전성 심사를 통과할 때까지 가동할 수 없게 되었고, 일본 전력의 25%를 책임지던 원자력발전은 손발이 묶이고 말았다. 한편 전력 수요는 사고가 일어났다고 해서 줄어들지 않으므로 일본은 원자력발전을 대체할 발전 방식을 찾아야 했다. 그리고 그 역할을 맡은 것이 화력발전이다. 한때는 전체 전력의 90%를 화력발전으로 공급하던 시기가 있을 정도였으며, 화력발전에 대한 의존은 지금까지도 이어지고 있다. 달리 말하면 대지진 이후 전력을 안정적으로 공급할 수 있었던 것

일본의 1차 에너지 공급 구조의 변화

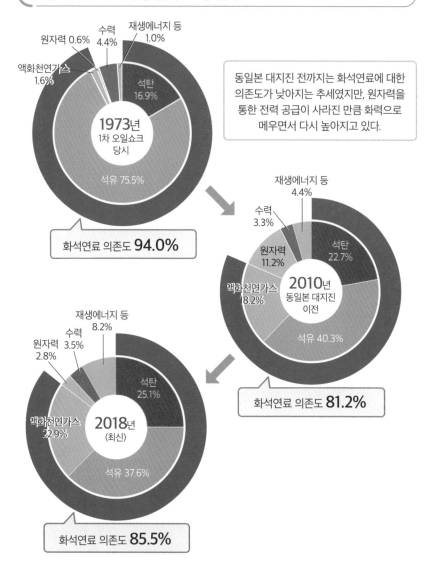

원자력 0.6%
수력 4.4%
재생에너지 등 1.0%
액화천연가스 1.6%
석탄 16.9%

1973년
1차 오일쇼크 당시

석유 75.5%

동일본 대지진 전까지는 화석연료에 대한 의존도가 낮아지는 추세였지만, 원자력을 통한 전력 공급이 사라진 만큼 화력으로 메우면서 다시 높아지고 있다.

화석연료 의존도 **94.0%**

재생에너지 등 4.4%
수력 3.3%
원자력 11.2%
석탄 22.7%
액화천연가스 18.2%

2010년
동일본 대지진 이전

석유 40.3%

화석연료 의존도 **81.2%**

재생에너지 등 8.2%
수력 3.5%
원자력 2.8%
석탄 25.1%
액화천연가스 22.9%

2018년
(최신)

석유 37.6%

화석연료 의존도 **85.5%**

참고: 일본 자원에너지청, 「일본 에너지 2020─에너지의 현주소를 알아보는 10가지 질문」

은 화력발전 덕분이라고 해도 과언이 아니다. 화력발전에는 이산화탄소 배출량이 많은 석탄화력발전도 포함되는데, 대지진 이후 일본의 석탄화력발전 비율은 30% 수준에서 오르락내리락하고 있다.

이처럼 동일본 대지진의 영향으로 화력발전의 비중이 커진 일본이지만, 지난 2020년 7월 일본 정부는 세계적인 탈탄소화 추세를 고려해 노후화 등으로 인해 효율이 낮아진 화력발전소 100여 기를 2030년까지 가동 중지 및 폐쇄한다고 발표했다. 2030년까지 온실가스 46% 저감을 실현하기 위해 재생에너지 도입이나 원자력발전소 재가동을 논의하는 한편, 화력발전소 가동 중지 및 폐쇄 조치도 병행하는 것이다.

정리

- 원자력발전을 통한 전력 공급이 사라진 만큼 화력발전으로 보충하게 되었다.
- 일본은 2030년까지 석탄화력발전소 100여 기를 가동 중단 및 폐쇄한다.

016

일본과 한국의
이산화탄소 배출 현황

에너지 전환 부문이 40%이고,
산업과 운송 부문 또한 높은 비중 차지

이산화탄소 배출량은 이산화탄소가 어떻게 배출되느냐에 따라 집계 방식이 달라진다. 직접 배출량은 공장에서 석유 제품을 제조하거나 발전하는 과정에서 배출되는 이산화탄소의 양이며, 간접 배출량은 기업이나 가정과 같은 최종 수요 부문의 에너지 소비량으로 계산한다. 예를 들어, 전력을 생산하기 위해 화석연료를 태워 화력발전을 돌렸다면 그 과정에서 배출되는 이산화탄소는 직접 배출량에 포함된다.

일본의 이산화탄소 배출 현황, 그중에서도 직접 배출을 살펴보면 발전소나 가스 공장과 같은 '에너지 전환 부문'이 이산화탄소 배출량의 40%를 차지하며 1위를 기록했다. 전력 부문의 탈탄소화가 중요한 이유가 여기에 있다. 2위는 공장을 비롯한 '산업 부문'이고 3위는 '운송 부문'인데 1~3위를 합친 배출량이 전체의 80%에 이른다. 우리나라는 '에너지 전환 부문'이 37%로 1위, '산업 부문'이 35.8%로 2위, '운송 부문'이 13.5%로

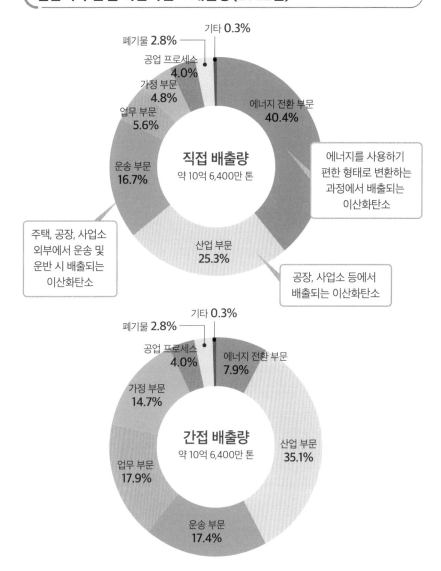

일본의 부문별 이산화탄소 배출량(2021년)

직접 배출량
약 10억 6,400만 톤

기타 0.3%
폐기물 2.8%
공업 프로세스 4.0%
가정 부문 4.8%
업무 부문 5.6%
운송 부문 16.7%
산업 부문 25.3%
에너지 전환 부문 40.4%

에너지를 사용하기 편한 형태로 변환하는 과정에서 배출되는 이산화탄소

주택, 공장, 사업소 외부에서 운송 및 운반 시 배출되는 이산화탄소

공장, 사업소 등에서 배출되는 이산화탄소

간접 배출량
약 10억 6,400만 톤

기타 0.3%
폐기물 2.8%
공업 프로세스 4.0%
가정 부문 14.7%
업무 부문 17.9%
운송 부문 17.4%
산업 부문 35.1%
에너지 전환 부문 7.9%

참고: 일본 전국지구온난화방지활동추진센터(JCCCA), 「일본의 부문별 이산화탄소 배출량(2021년)」
(https://www.jccca.org/download/65477)

3위를 차지하고 있는데, 세 부문에서 배출하는 이산화탄소 배출량이 전체 배출량의 86%에 달한다(2018년 기준). 산업 부문에서는 열을 이용하기 위해 화석연료를 태우는 일이 잦다. 운송 부문 역시 자동차, 선박, 항공 모두 연료를 사용하는 만큼 직접 배출을 피할 수 없다.

　최종 수요 부문의 에너지 소비량에 따라 이산화탄소 배출량을 나누는 간접 배출량도 이산화탄소 배출 현황을 살펴보는 데 있어 중요한 지표가 된다. 여기서는 1위가 '산업 부문'이고 2위가 '운송 부문'이다. '가정 부문'도 15%를 차지하며 바짝 따라붙고 있다. 우리나라도 마찬가지로 제조업의 비중이 높기 때문에 '산업 부문'이 1위를 차지하고 있으며, 2위는 '건물 부문', 3위는 '수송 부문'이다. 탈탄소화는 기업의 과제뿐만이 아닌 가정의 과제이기도 하다.

정리

- 에너지 전환·산업·운송 부문이 이산화탄소 직접 배출량의 80%를 차지한다.
- 간접 배출량에서는 산업과 운송의 비중이 높고 가정 부문도 15%에 이른다.

017

온실가스 배출량 46% 감축은 가능한가?

가정을 비롯한 모든 부문에서 이산화탄소를 줄여야 한다

일본 정부는 2050년 탄소중립 실현을 선언한 데 이어 지난 2021년 4월에는 중간 목표를 갱신했다. 새로운 목표는 2013년도 대비 2030년까지 온실가스 배출량을 46% 줄이는 것인데, 기존 목표인 26%에서 단숨에 20%p나 늘어났다. 2050년까지 이산화탄소 순 배출량 제로를 달성해야 하니 갈 길이 바쁜 것도 사실이다. 하지만 2030년까지 온실가스 배출량을 절반 가까이 줄이는 일은 결코 쉽지 않을 것이다.

　미국은 2000대 초반, 일본은 2013년, 한국은 2018년에 이산화탄소 배출량이 최대 정점을 기록했다. 2013년 일본의 이산화탄소 배출량은 약 14.08억 톤으로, 여기서 46%를 줄인다는 것은 2030년에 일본은 이산화탄소를 약 7.6억 톤 배출한다는 의미다. 이를 실현하려면 모든 부문에서 이산화탄소 배출량을 줄여야 한다. 오늘날 전기를 쓰지 않는 집은 없다. 하지만 일본은 전기 대부분을 화력발전으로 생산하는 만큼, 집에서 전기를 쓰는 일도 간접적으로나마 이산화탄소 배출로 이어

세계 각국의 2030년 온실가스 배출량 저감 목표

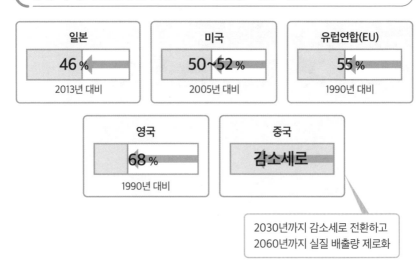

일본	미국	유럽연합(EU)
46 %	50~52 %	55 %
2013년 대비	2005년 대비	1990년 대비

영국	중국
68 %	감소세로
1990년 대비	

2030년까지 감소세로 전환하고
2060년까지 실질 배출량 제로화

2030년 목표 실현을 위한 일본의 발걸음

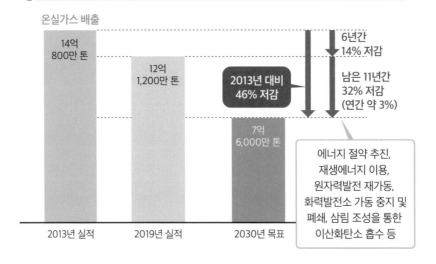

온실가스 배출

14억
800만 톤

12억
1,200만 톤

2013년 대비
46% 저감

7억
6,000만 톤

6년간
14% 저감

남은 11년간
32% 저감
(연간 약 3%)

에너지 절약 추진,
재생에너지 이용,
원자력발전 재가동,
화력발전소 가동 중지 및
폐쇄, 삼림 조성을 통한
이산화탄소 흡수 등

2013년 실적　　　　2019년 실적　　　　2030년 목표

진다. 이러한 이산화탄소 간접 배출량 관점에서 보면 산업 부문의 비중이 가장 크기는 하나 **가정 부문의 배출량도 15% 미만으로** 무시하기 힘든 수치다. **자동차를 비롯한 운송 부문에서도 20% 미만의 이산화탄소가 배출된다**(62쪽 참고). 따라서 가정을 비롯한 모든 부문에서 이산화탄소 배출량을 줄이지 않으면 '2030년까지 46% 저감'이라는 목표는 이룰 수 없다.

2018년 우리나라는 산림이 연간 흡수하는 이산화탄소량을 뺀 온실가스 순 배출량이 6억 8,600만 톤을 기록했다. 1인당 온실가스 배출량이 미국 다음으로 높으며, 온실가스 배출 효율을 나타내는 GDP당 배출량은 OECD 회원국 중 최고 수준이다(KEI). 우리나라도 2050 탄소중립을 위해 다양한 시나리오를 기획하고 있는데, 자세한 내용은 '대한민국 탄소중립 2050' KEI(한국환경연구원) 자료를 참고하기 바란다.

전력의 탈탄소화를 비롯한 국가나 기업 단위의 노력도 중요하지만, 각 가정에서 재생에너지 전기 요금제를 고려하는 등 **개개인의 생각과 행동이 바뀔 때** 탄소중립은 한층 빨리 다가올 것이다.

정리

- 2019년 이산화탄소 배출량은 가정이 15%, 운송이 20%를 차지한다.
- 개개인의 생각과 행동부터 바꿔야 한다.

018

탄소 배출량을 줄이기 쉬운 산업과 어려운 산업

이산화탄소를 직접 배출하는 산업에 있어 탈탄소화는 아직 먼 이야기

자동차 분야와 공장 및 설비 분야를 중심으로 탈탄소화를 향한 노력이 진행되고 있다. 대표적인 예시가 에너지 전환이다.

여러 전력회사가 재생에너지 전기 요금제를 선보이면서(우리나라는 2021년 10월 재생에너지 전기공급사업자 등록이 가능해짐에 따라 직접 PPA 제도가 막 첫걸음을 내디딘 상태다—옮긴이) 전력 조달 방법의 선택지가 늘어나고 있다. 앞서 62쪽에서 이산화탄소 직접 배출과 간접 배출을 다루었다. 이산화탄소 간접 배출은 전력 사용이 대부분을 차지하므로 사용 중인 전력을 재생에너지 전기로 전환하면 이산화탄소 배출 비중을 크게 줄일 수 있다.

공장에서 전기를 대량으로 사용하는 업종의 경우, 전기요금 자체가 저렴하다 보니 재생에너지 전기로 바꿨을 때 오히려 비용이 증가할 수 있으므로 탈탄소화는 쉽지 않은 결정이다. 한편, 공장을 소유하지 않

이산화탄소 배출량을 줄이기 힘든 산업

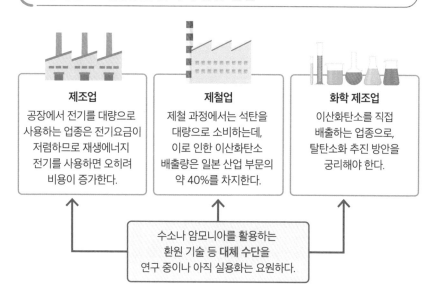

제조업
공장에서 전기를 대량으로 사용하는 업종은 전기요금이 저렴하므로 재생에너지 전기를 사용하면 오히려 비용이 증가한다.

제철업
제철 과정에서는 석탄을 대량으로 소비하는데, 이로 인한 이산화탄소 배출량은 일본 산업 부문의 약 40%를 차지한다.

화학 제조업
이산화탄소를 직접 배출하는 업종으로, 탈탄소화 추진 방안을 궁리해야 한다.

수소나 암모니아를 활용하는 환원 기술 등 대체 수단을 연구 중이나 아직 실용화는 요원하다.

탈탄소화를 위한 기술 혁신

	주요소		탈탄소화를 축으로 하는 미래
자동차 관련	차체, 시스템	기술혁신	전동화, 자율주행, 소재
	연료		전기, 수소, 바이오연료
공장 관련	공정		CCUS(142쪽 참고), 수소환원제철, 스마트 팩토리
	제품		비화석 에너지로 제조한 연료 제품
설비 관련	열원		전기, 수소 등
	기기		기기의 IoT화, M2M 제어
전력 관련	화력		CCUS, 수소발전 등
	원자력		차세대 원자로
	재생에너지		배터리 및 계통 혁신

참고: 일본 자원에너지청, 「일본 에너지 2019 ─ 에너지의 현주소를 알아보는 10가지 질문」

는 업종은 현재 사용하는 전기요금과 비슷한 수준의 재생에너지 전기 요금제로 바꾸기만 해도 탄소중립에 성큼 가까워질 수 있다. 실제로 일본에서는 부동산업을 중심으로 재생에너지 전기 요금제 가입을 통해 탈탄소화를 실천하는 움직임이 활발해지고 있다.

이산화탄소를 직접 배출하는 업종도 탄소 배출량을 줄이기가 쉽지 않다. 예를 들어, 제철업은 제철 과정에서 석탄을 대량으로 소비하고 이산화탄소를 많이 배출하는데, 그 양은 일본 산업 부문 이산화탄소 배출량의 40%를 차지할 정도다. 최근 철광석에서 산소를 분리하는 환원제로 석탄 대신 수소를 활용하는 수소환원제철 등 대체 기술을 연구 중이지만 실용화까지는 아득하기만 하다. 화학 제조업과 같은 업종도 이산화탄소를 직접 배출하며, 이러한 산업의 탈탄소화가 향후 과제로 떠오를 것이다.

 정리

● 재생에너지 전기를 사용하면 이산화탄소 배출량을 줄일 수 있다.
● 제철업, 화학 제조업 등 이산화탄소를 직접 배출하는 업종의 탈탄소화가 과제.

019

일본이 추진하는
그린 성장 전략이란?

탈탄소화에 적극적인 기업을 전폭 지원하는 정책

일본 정부는 2021년 4월 이산화탄소 배출량 감축 목표를 끌어올린 데
이어 탄소중립 선언 실현을 위한 정책 패키지로 '2050년 탄소중립에
따른 그린 성장 전략'을 발표했다. 해당 전략에 따르면 오늘날은 온난
화 대책을 경제 성장의 걸림돌이나 돈 먹는 하마가 아닌 경제 성장의 기
회로 받아들이는 시대로 접어들었다. 기존의 발상을 뒤집고 탈탄소화에
적극적으로 나서야 산업 구조, 경제, 사회 혁신은 물론이고 커다란 성
장까지 가져올 수 있다는 것이다. 그리고 이러한 친환경 성장을 실현하
려면 '경제와 환경의 선순환'을 구축하는 산업 정책이 필요하다고 강조했다.

한편 산업계에서는 많은 기업이 발상의 전환이 어렵다는 사실을 인
정하면서도 비즈니스 모델이나 전략을 근본부터 바꾸고자 기회를 엿
보고 있다. 그린 성장 전략은 탈탄소화라는 변혁 속에서 끊임없이 도
전하며 대담하게 투자해 기술 혁신을 이루는 민간 기업을 향한 응원의
목소리가 담겨 있다. 다시 말해 모든 기업에 대한 지원이 아닌, 탈탄소

성장 가능성이 큰 14대 분야의 구체적인 목표와 관련 정책

자동차· 배터리산업	• 소형 상용차는 2030년까지 전동화 20~30% 추진, 2040년까지 전기차를 비롯한 무배출 차량 보급률 100% 달성. 대형 상용차는 2030년까지 기술 실증과 수소 보급 등을 고려해 2040년 목표 설정. • 배터리산업에 대한 대규모 투자(100GWh), 전기차와 수소전기차의 도입, 전기차 충전 시설(15만 기)과 수소충전소(1,000기) 확충, 엔진 부품 업체나 주유소 등의 업종 전환 및 사업 구조 재조정 지원. • 연료 규제 활용, 배터리 조달 규칙, 공공 조달, 수소전기차 관련 규제 일원화 등의 제도를 하나로 묶어서 정책 패키지로 추진.
반도체· IT산업	• 전력 반도체, 친환경 데이터센터 관련 연구 개발 지원. • 일본에 데이터센터를 유치하고 최적의 배치를 실현(지방에 새로운 거점 구축, 일본의 아시아 데이터센터 허브화)
식음료· 농림수산업	• '녹색 식량 시스템 전략'을 세워 화석연료를 사용하지 않는 원예 시설로 완전히 이행하고, 화학농약·비료 사용량을 줄이고, 유기농 면적 확대 등을 실현.
주택·건축· 차세대 전력관리산업	• 주택에 대해 에너지 절약 기준을 강제하는 등 규제 조치를 강화. • 디지털 기술과 시장 기능 등을 활용해 애그리게이션 비즈니스와 차세대 전력망을 구축.
수소·연료 암모니아 산업	• 그린 이노베이션 기금을 활용해 운송 기술의 경제성을 높이고 수요 증가가 기대되는 수소발전 기술에 대한 원스톱 실증 진행. • 연료전지 기술을 개발해 성능 향상과 시장 확대를 동시에 실현. • 기술 개발, 국제 연계, 표준화를 통해 2050년 일본의 연료 암모니아의 수요는 3,000만 톤에 이를 전망.
해운산업	• 2025년까지 제로 에미션 선박 실증 사업 시작. 상업 운항을 기존 목표인 2028년보다 앞당겨서 실현. • 내항선(內航船)의 탄소중립 실현을 위한 로드맵 수립.
해상풍력· 태양광· 지열발전산업 (신·재생에너지)	• 해상풍력발전 기술 로드맵을 기반으로 대규모 실증을 추진할 수 있도록 요소 기술 개발을 서두른다. • 해상풍력발전 안전 심사를 합리화하는 등 규제를 총점검. • 2030년까지 보급 가능한 차세대 태양전지 개발. • 차세대 지열발전 기술 연구 개발 추진.

차세대 열에너지 산업	• 메테인화 기술 등을 통한 새로운 열에너지 공급 사업 구축.
원자력산업	• 혁신적인 안전성 향상 기술 개발.
물류·교통· 토목산업	• 드론을 이용한 배송을 적극 추진. • 고속도로를 이용하는 친환경 차량에 대해 혜택 제공.
항공산업	• 전기·수소항공기의 코어 기술에 관한 연구 개발 추진.
탄소 재활용· 소재산업	• 인공광합성 기술을 확보하고 안전기준을 책정. • 수소환원제철과 전기 용광로를 이용한 고급 철강 제조, 에너지 절약 을 위한 기술 개발 추진.
자원 순환 산업	• 바이오플라스틱 도입 로드맵을 수립하고 기술 개발 추진.
라이프 스타일 산업	• 대기 환경 등에 대한 관측 및 모델링 기술을 고도화하고 지구 환경 빅데이터 활용을 추진.

참고: 일본 경제산업성,
「2050년 탄소중립 실현을 위한 그린 성장 전략'(안) 구체화 내용(개요)」(2021년 6월 2일)
(https://www.cas.go.jp/jp/seisaku/seicho/seichosenryakukaigi/dai11/siryou2-1.pdf)

화에 적극적인 기업에 특화된 지원인 것이다. 일본 정부는 그린 성장 전략에서 정부 차원에서 중시하는 14대 분야를 밝히고, **성장 가능성이 큰 산업에 대해 높은 목표를 설정하고 온갖 정책을 총동원할 계획이다.**

그린 성장 전략은 예산 정책, 규제, 금융 지원 등을 아우르는 포괄적인 패키지다. 이 기회를 잡을 것인지는 각 기업의 노력에 달려 있다.

정리

- 경제와 환경의 선순환을 구축하는 산업 정책.
- 그린 성장이 기대되는 산업에 정책을 집중한다.

탈탄소화에서도
넘버원을 노리는 미국

트럼프 정권에서 주춤했으나 바이든 정권에서 강력히 추진

2015년 파리협정이 채택된 배경을 이야기할 때 빼놓을 수 없는 것이 당시 미국 오바마 정권의 역할이다. 기후변화 문제를 중요하게 여긴 오바마 대통령은 미국 내 화력발전소의 이산화탄소 배출을 규제하는 '클린 파워 플랜Clean Power Plan'을 도입하는 등 다른 나라보다 먼저 탈탄소화를 추진했다.

그러나 이러한 방향성을 완전히 뒤엎은 것이 트럼프 대통령이다. 트럼프 대통령은 기후변화를 날조 취급하고 파리협정에서 탈퇴했을 뿐만 아니라 클린 파워 플랜을 중단하고 석탄을 비롯한 화석연료 분야를 우대했다. 이로 인해 탈탄소화를 향한 미국의 발걸음은 4년간 얼어붙다시피 했다. 미국은 탈탄소화 추진파와 반대파로 나뉘었으며, 기후변화 대책은 민간을 중심으로 추진되었다. GAFA를 비롯한 기업들이 독자적으로 탈탄소화 전략을 펼치는 한편, 지방자치단체와 대학교는 'We are still in(우리는 파리협정에 남을 것)'이라는 성명을 발표했다.

미국의 탄소중립 선언

탄소중립 선언 연도	탄소중립 목표 연도	2030년 목표
2021년 1월	**2050년**	온실가스 배출량 **50~52%** 감축 (2005년 대비)

관련 목표	관련 주요 정책
· 2030년까지 신차 판매 50%를 전동화 · 2035년까지 전력의 제로 에미션화	· 미국 일자리 계획(American Jobs Plan) · 국가 온실가스 감축목표(NDC)

바이든 대통령이 취임 직후 파리협정 복귀를 실현하면서 탈탄소화는 세계적인 대세로 자리매김했다.

미국의 민간 주도 기후변화 대책

골드만삭스	2015년 출장소를 포함한 전체 사업 운영 과정에서 탄소중립을 실현했다. 지금은 자사 사업장과 데이터센터의 에너지 효율 향상을 적극적으로 추진 중이다.
제너럴 모터스	2021년 초, 휘발유차와 경유차 판매를 단계적으로 중단하겠다는 계획을 발표했다. 2025년에는 미국 내 공장에서 100% 재생에너지만으로 차량을 생산할 예정이다.
월마트	미국의 C2 에너지 캐피털과 태양광발전 프로젝트 46건을 계약했다. 앞으로 C2 에너지 캐피털은 월마트 매장 등에 발전 설비를 설치하고 전력을 공급할 것이다.

이후 2021년 오바마의 노선을 따르는 바이든 정권이 들어섰다. 바이든 대통령은 취임하자마자 파리협정 복귀 절차를 밟고, 탈탄소화 정책을 발표했다. 이 정책에는 2050년 탄소중립 선언은 물론, 2030년까지 온실가스 배출량을 2005년 대비 50~52% 저감하고 2035년까지 전력의 제로 에미션화를 실현한다는 목표 외에도 **탈탄소화에 많은 자금을 투입한다는 계획이 포함되어 있어 탄소중립을 향한 의지**를 엿볼 수 있다. 국제적으로도 중국의 탈탄소화 동향을 예의 주시하는 등 미국은 탈탄소화의 전략적 중요성에 대한 이해를 바탕으로 움직이고 있다.

정리

- 미국은 한때 파리협정에서 탈퇴했으나 바이든 정권이 들어서면서 복귀했다.
- 2030년까지 온실가스 배출량을 50~52% 줄일 계획이다.

나날이 성장하는 중국의 남모를 고민

탈탄소 산업의 부흥을 등에 업고 장기적인 관점에서 탈탄소화 추진

글로벌 기후변화 협상에서 중국은 개발도상국의 편에 서서 이산화탄소 배출량 감축은 선진국의 몫이라는 주장을 되풀이했다. 이러한 주장의 밑바탕에는 기후변화 대책보다 경제 성장이 우선이라는 생각이 깔려 있다. 실제로 중국의 온실가스 배출량 저감 목표는 다른 나라와 비교해 어딘가 다르다. 예를 들어, '2030년까지 이산화탄소 배출량 증가세를 멈춘다'라는 목표는 '최고점에 도달하기 전에는 이산화탄소 배출량을 줄이지 않는다'라고 공언하는 것이나 마찬가지다. 그러므로 여기에서 지금 당장은 이산화탄소 배출량을 줄일 계획이 없다는 생각을 읽을 수 있다. 또한 중국은 GDP 단위당 이산화탄소 배출량을 2030년까지 2005년 대비 65% 저감한다는 목표도 내걸었다. 하지만 이론적으로 GDP가 늘어나면 GDP당 이산화탄소 배출량은 줄어들기 마련이므로 중국이 경제 성장을 가장 중요하게 여기고 있다는 사실을 알 수 있다.

중국의 탄소중립 선언

탄소중립 선언 연도	탄소중립 목표 연도	2030년 목표
2020년 9월 유엔총회 일반토론	**2060년**	**GDP당 배출량 65% 감축** (2005년 대비) 2020년 12월 시진핑 국가주석의 발언

관련 목표
- 2030년까지 1차 에너지 소비에서 비화석연료가 차지하는 비율을 25% 수준으로 향상
- 2035년까지 신차의 전동화

관련 주요 정책
- 중국제조 2025
- 국가 기후변화 적응 전략
- 국가 기후변화 대응 계획
- 제13차 5개년 온실가스 배출 억제 사업 방안

지금까지 구체적인 탈탄소 정책을 내놓지 않던 중국이 탄소중립을 선언하자 일대 파란이 일었다. 미국이 바이든 정권에 들어서면서 탈탄소화 노선으로 돌아간 것과 맞물려 탄소중립이 만국 공통의 과제로 자리매김하는 데 큰 영향을 미쳤다.

세계 1위의 이산화탄소 배출국이자 석탄화력발전 비중이 높은 중국은 탈탄소화에 있어 이제 막 출발선을 지난 참이다. 지금 당장은 탄소중립 목표와 경제 성장이 양립하기 힘들지도 모른다. 다만 중국의 탈탄소 산업은 꾸준히 성장 중이다. 태양광 패널 세계 점유율은 70%에 이르는 데다가 풍력 터빈도 세계 점유율 상위권의 기업을 몇 군데나 보유하고 있으며, 전기차 시장에서도 신흥 세력이 잇따라 나오고 있다.

중국이 2060년 탄소중립 선언을 할 수 있었던 것도 장기적으로는 탈탄소 산업의 부흥을 등에 업고 경제 성장과 탈탄소화, 두 마리 토끼를

중국의 주요 탈탄소 정책

전중국상공인 연합회	2021년 3월 태양광·태양열발전 산업의 발전, 태양광 건축의 발전, 바이오매스 보일러에 특화된 오염물질 배출 기준 제정에 관해 제안했으나 아직 구체적인 행동으로는 이어지지 않았다.
중국국제무역촉진 위원회	대외무역 활성화를 위해 1952년에 발족한 기관. 산하에 업종별·지방별 지부가 다수 있다. 저탄소화나 탄소중립에 관해 나서서 행동을 취하는 단계까지는 이르지 못했다.
중국석유화학공업 연합회	2021년 1월 석유·화학기업 17개사와 화학공업단지가 '중국 석유화학공업의 이산화탄소 배출량을 억제하는 피크 아웃 탄소중립 선언'을 공표했다.

참고: 일본무역진흥기구(JETRO), 「중국의 기후변화 대책과 산업 및 기업의 대응」

모두 잡을 수 있다고 내다봤기 때문일 것이다. 지금부터 시작될 중국의 공세를 주의 깊게 살펴볼 필요가 있다.

정리

- 석탄화력발전소가 많은 중국은 세계 1위의 이산화탄소 배출국이다.
- 태양광 패널, 풍력 터빈 등으로 공세를 펼치고 있다.

탈탄소화 정책을
연이어 내놓는 유럽

기후변화 대책을 방패 삼아 탄소국경조정제도 등을 발표

유럽은 재생에너지 도입 면에서 앞서나가는 독일과 원자력발전 비중
이 높은 프랑스를 중심으로 기후변화 대응과 탈탄소화에 열의를 보이며,
국제적으로도 협상을 이끌어 왔다. 이러한 경향은 파리협정 발효를 기
준으로 한층 더 뚜렷해졌다. 특히 주목할 만한 것은 2021년 7월 EU 집
행위원회가 발표한 탄소국경조정제도(41쪽 참고)다. 이는 탈탄소화를
추진하는 유럽 산업이 탈탄소화에 소극적인 지역 산업과 경쟁했을 때
불이익을 당하지 않도록 유럽 역외 수입품에 생산 공정의 이산화탄소
배출량에 따른 세금을 매기는 제도다. 기후변화 대책의 일환이라고는
하지만 사실 관세나 마찬가지다. 유럽에서 탈탄소화가 진행될수록 지
역 내 산업은 유리해지고 일본처럼 이산화탄소 배출량이 많은 나라는
불리해지므로 탈탄소화를 이용한 산업 보호 정책이라고 보는 시각도
있다.

유럽의 탄소중립 선언

	유럽연합(EU)	영국	프랑스	독일
탄소중립 선언 연도	2020년 9월 유럽기후법안	2020년 12월 장기전략	2020년 11월 에너지· 기후법 제정	2020년 9월 메르켈 총리의 발언 2021년 6월 기후보호법 개정안 내각 결정
탄소중립 목표 연도	2050년	2050년	2050년	2045년
2030년 목표	55% (1990년 대비) 2020년 12월 NDC 상향안	68% (1990년 대비) 2020년 12월 NDC 상향안	40% (2012년 대비)	65% (1990년 대비) 숄츠 재무장관의 발언
관련 목표	• 2026년까지 탄소국경조정 제도 전면 시행 • 2035년까지 휘발유차와 경유차 신차 판매 금지	• 2024년까지 석탄화력발전 전면 폐지 • 2030년까지 해상풍력발전 40GW 도입 • 2030년까지 휘발유차와 경유차 신차 판매 금지 • 2035년까지 탄소 배출량 78% 감축 (1990년 대비)	• 2022년까지 석탄화력발전 전면 폐지 • 2040년까지 휘발유차와 경유차 신차 판매 금지	• 2030년까지 총 발전량의 65%를 재생에너지로 공급 • 2038년까지 석탄화력발전 전면 폐지
관련 주요 정책	• 유럽 그린딜 • Fit for 55 (탄소배출량 입법안 패키지)	• 녹색 산업혁명 • 탄소 예산(Car- bon Budget) 설치 • 기후변화위원회 (CCC) 설치	• 에너지·기후법 • 국가 저탄소 전략	• 기후보호법 • 기후보호 프로 그램 2030 • 재생에너지법 (EEG)

더구나 EU 집행위원회는 2035년부터 이산화탄소를 배출하는 신차 판매를 전면 금지한다고 밝혔다. 물론 나라에 따라 조정은 있겠지만, 휘발유차나 경유차보다 이산화탄소 배출량이 적은 하이브리드차까지 금지하는 이러한 조치는 특정 지역의 자동차산업을 견제하기 위한 것으로 보인다.

한편 EU는 거액의 보조금을 지원하며 배터리산업 육성에 나서고 있다. 배터리산업은 다가오는 탈탄소 시대에서 특히 중요해지는 산업이다. 지구온난화는 한시가 급한 문제다. 하지만 기후변화 대책을 핑계로 산업 경쟁을 비롯한 패권 쟁탈전을 걸 기미가 보인다면 서둘러 대응해야 할 것이다.

- 탄소국경조정제도, 내연기관차 판매 규제 등을 발표하는 유럽.
- 배터리산업을 육성하기 위해 거액의 보조금을 지원한다.

023

인프라 조성으로 재생에너지 도입을 노리는 동남아시아

인도네시아를 비롯한 석탄자원국도 탈탄소화로 방향을 틀다

나날이 성장 중인 동남아시아는 앞으로 에너지 수요가 큰 폭으로 증가할 전망이다. 예전 같았으면 연료 가격이 저렴한 석탄화력발전을 가장 먼저 고려했을 것이다. 특히 인도네시아처럼 자국 내에서 석탄을 손쉽게 구할 수 있는 석탄자원국 입장에서 석탄화력발전은 무척이나 매력적인 선택지다. 다만 인도네시아를 비롯한 개발도상국은 선진국과 달리 전력 인프라 성숙도가 낮으므로 기존 인프라를 뒤엎기보다 신설에 무게를 둔다는 특징이 있다. 게다가 재생에너지 비용이 눈에 띄게 낮아지면서 동남아시아에서도 재생에너지 인프라 신설에 대한 이점이 커지고 있다.

예를 들어, 베트남의 전력개발 마스터플랜 초안에 따르면 재생에너지 비중을 꾸준히 높여 2030년에는 전체 전력의 30% 가까이를 재생에너지로 공급할 방침이라고 한다. 실제로 베트남은 2020년에 74억 달러를 투자하면서 세계 재생에너지 투자액 순위에서 8위를 차지하는 등 탈탄

동남아시아의 석탄 수요 전망

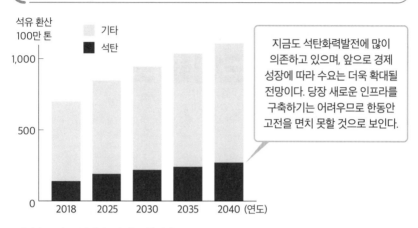

석유 환산
100만 톤

기타
석탄

1,000

500

0

2018 2025 2030 2035 2040 (연도)

지금도 석탄화력발전에 많이 의존하고 있으며, 앞으로 경제 성장에 따라 수요는 더욱 확대될 전망이다. 당장 새로운 인프라를 구축하기는 어려우므로 한동안 고전을 면치 못할 것으로 보인다.

※ '기타'는 석유, 천연가스 등을 포함한다.

참고: 국제에너지기구(IEA)

석탄화력발전에서 벗어나려는 동남아시아

베트남
석탄보다 자연에너지를 우선할 것이라고 밝혔다. (2020년 2월)

인도네시아
지은 지 20년 이상 지난 석탄화력발전소를 자연에너지로 전환한다. (2020년 1월)

방글라데시
공급력 과잉이 수면 위로 드러나 전원 개발을 재검토한다. (2019년 5월)

말레이시아, 캄보디아
태양광발전이 석탄화력발전보다 저렴해졌다. (2019년, 2020년)

2040년까지 전력 수요 증가분을 자연에너지로 공급하고 더 나아가 석탄화력발전 일부를 대체한다는 목표. 한편 에너지 가격이 낮아지고 있다.

참고: 일본 자연에너지재단, 「아시아에서 이루어지는 탈석탄화력 활동」(2020년 4월)
(https://www.renewable-ei.org/pdfdownload/activities/REI_MoveAwayFromCoalInAsia_2020
04.pdf)

소화를 중시하는 쪽으로 방향을 틀고 있다. 한편, 석탄화력발전과 결별하는 국가도 나타나기 시작했다. 대표적인 곳이 인도네시아다. 인도네시아 정부는 기존 계획을 제외하고는 석탄화력발전소 신설을 허가하지 않는다는 탈탄소화 방침을 발표했다. 지난 2021년 9월, 중국 정부가 해외에 석탄화력발전소를 새로 짓지 않겠다고 밝힌 것과 맞물려 동남아시아에서도 탈탄소화를 향한 발걸음이 한층 빨라질 전망이다. 이에 따라 세계 각국에서 동남아시아 시장을 주목하고 있으며, 본격적으로 진입에 나선 기업도 적지 않다. 비즈니스 기회를 잡기 위해서라도 꾸준히 관심을 기울여야 할 것이다.

정리

- 동남아시아는 인프라 신설을 통한 재생에너지 도입이 증가하고 있다.
- 2030년까지 재생에너지 비율을 30%로 높이고 석탄화력발전소 신설을 금지한다.

024

개발도상국은 선진국의 결정을 따라잡을 수 있을까?

경제 성장도 기후변화 대책도 놓칠 수 없는 개발도상국의 딜레마

아직 기반 시설을 갖추지 못한 개발도상국은 인프라 조성에 대한 수요가 매우 높다. 그렇다고 해서 이러한 수요를 채우기 위해 인프라를 구축하고 경제를 활성화하다 보면 이산화탄소 배출량이 증가할 수밖에 없다. 한편, 개발도상국은 기후변화의 영향에 민감한 지역이 많다. 기후변화가 진행되면서 그 피해도 해마다 커지는 만큼 개발도상국도 기후변화 대책을 고민할 필요가 생겼다. 따라서 많은 개발도상국이 '경제 성장도 기후변화 대책도 놓칠 수 없다'는 딜레마를 안고 있다.

파리협정은 선진국은 물론 개발도상국도 이산화탄소 배출량 저감 목표를 세우고 실천한다는 점에서 특징적이지만, 자력만으로는 탈탄소화를 추진하기 힘든 나라도 있다. 이를 고려해 선진국을 중심으로 기후기금을 모아 개발도상국의 개발 수요를 채우는 동시에 기후변화 대책에 투자하는 국제협력이 진행 중이며, 일본도 출자를 통해 힘을 보탰다(우리

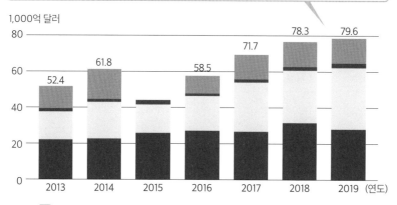

개발도상국을 위한 기후변화 대책 자금 추이

2020년까지 개발도상국을 위해 연간 1,000억 달러의 기후기금을 모으기로 한 COP16(칸쿤 합의, 2010년)에 이어 파리협정이 체결된 COP21(2015년)에서는 2025년까지 개발도상국을 대상으로 연간 1,000억 달러 규모의 지원을 이어간다고 밝혔다. 하지만 아직 총액은 1,000억 달러를 넘지 못했다.

1,000억 달러

- 52.4 (2013)
- 61.8 (2014)
- 58.5 (2016)
- 71.7 (2017)
- 78.3 (2018)
- 79.6 (2019) (연도)

■ 양국 간 공적 기후대책 자금
□ 다국 간 공적 기후대책 자금
■ 기후대책 관련 공식 지원 수출 신용
■ 양국 간 및 다국 간 공적 기후대책 자금으로 동원된 민간 자본

참고: OECD, 「Climate Finance Provided and Mobilised by Developed Countries (2021)」
(https://www.oecd.org/env/climate-finance-provided-and-mobilised-by-developed-
countries-aggregate-trends-updated-with-2019-data-03590fb7-en.htm)

나라 역시 녹색기후기금 유치, 적응기금 신규 공여 등으로 협력하고 있다―옮긴이).

탈탄소화의 진전은 개발 방식에도 변화를 가져왔다. 전력 인프라 구축을 예로 들면, 지금까지는 발전소를 짓고 미전화未電化 지역에 송전망을 설치하는 개발 과정이 하나의 루틴처럼 여겨졌다. 하지만 태양광

송전망 없이도 전력 공급이 가능한 태양광발전

태양광발전은 송전망 없이도 전력을 직접 공급할 수 있어 개발도상국에 적합하다.

발전은 송전망이 없어도 전력을 공급할 수 있다. 이러한 특징을 살려 최근 일본 스타트업과 상사商社가 미전화 지역에 전력을 공급하는 사업을 전개하면서 개발도상국의 가려운 곳을 긁어주고 있다.

 정리

- 개발 수요와 기후변화 대책을 동시에 만족하는 국제협력이 떠오르고 있다.
- 일본 역시 탈탄소화에 따른 새로운 개발 방식으로 글로벌 비즈니스를 전개 중이다.

재생에너지 도입을 통해
탈탄소 사회로 향하는 중동

탈탄소 사회로 향하는 과정에서 가장 큰 타격을 입는 곳은 원유나 석탄 등의 화석연료 수출이 주력 산업인 국가일 것이다. 특히 중동은 화석연료에 대한 경제 의존도가 높아 탈탄소화로 인한 영향을 받기 쉬운 지역이다. 이에 더해 국제에너지기구(IEA)가 장기적으로 봤을 때 화석연료 수요는 하향 곡선을 그릴 것이라는 예측을 내놓았다. 국제에너지기구에 따르면 원유 및 천연가스 생산 경제권은 탄소중립으로 향하는 과정에서 2030년까지 1인당 연 소득이 75%까지 줄어들 전망이다.

그뿐 아니라 2021년 전 세계를 휩쓸고 지나간 천연가스와 석탄 가격 상승이 언제든 다시 찾아올 수 있다. 산유국은 이때를 놓쳐서는 안 된다. 하지만 산유국이 원유 가격을 지나치게 많이 올리면 미국이 셰일 오일 생산을 재개해 산유국의 파이를 빼앗을 수 있다. 따라서 OPEC+(석유수출국기구 플러스)는 탈탄소 사회로 향하는 이행기에 한몫 잡기 좋은 시기가 오더라도 균형을 잃지 말아야 한다.

화석연료 생산국 역시 언젠가 탈탄소 사회가 다가온다는 사실을 잘 알고 있다. 따라서 재생에너지 도입 등을 통해 수입원 전환을 노리고 있다. 2021년 COP26이 개최될 무렵에는 사우디아라비아와 아랍에미리트를 비롯한 중동 산유국, 천연가스 생산국인 러시아, 석탄 생산국인 호주가 연이어 탄소중립을 선언하면서 탈탄소화가 세계적인 흐름으로 자리 잡았다. 앞으로 이들은 단·중기적 기회를 노리는 한편, 석유로 모은 자금을 활용해 자국 내 탈탄소화를 추진할 것이다. 꼭 산유국이 아니더라도 이러한 전략은 탈탄소 사회로 나아가는 과정에서 흔히 볼 수 있을 것이다.

재생에너지와 탈탄소화

탄소중립이
뒤바꾼
에너지 산업

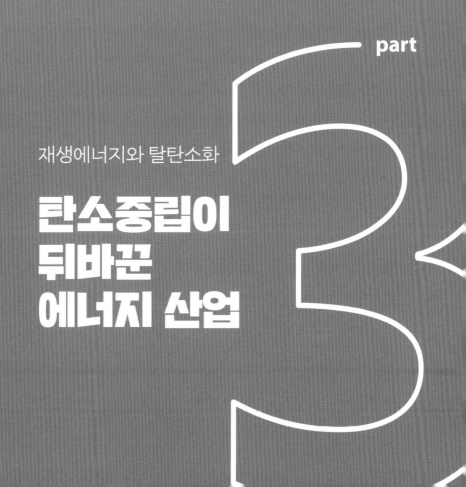

재생에너지 시장 진입을 둘러싼 치열한 다툼

재생에너지 도입으로 인해 생기는 비즈니스 기회

파리협정을 계기로 온실가스 배출량을 줄여야 한다는 분위기가 형성되는 가운데, 기후변화 대책이 추진되고 재생에너지 도입 비용이 낮아지면서 탈탄소화는 세계적인 트렌드로 자리 잡았을 뿐만 아니라 디지털화와 어깨를 나란히 하는 혁신 전략이 되었다. 투자 면에서도 환경을 중시하는 ESG 투자(35쪽 참고)가 주류를 이루면서 3,000조 엔이라는 어마어마한 자금이 탈탄소화에 적극적인 기업에 투입될 예정이다.

그리고 세계는 지금 탈탄소화를 성장 전략의 핵으로 여기며 관련 산업을 아낌없이 지원하고 있다. 이러한 과정에서 형성되는 것이 탈탄소 시장이며, 대표적인 것이 재생에너지 시장이다. 세계 곳곳에서 재생에너지 비중 확대를 선언하고 있는데, 이는 재생에너지 발전소 신설이 활발해진다는 것을 의미한다. 다시 없을 비즈니스 기회를 낚아채려면 눈앞에 다가온 흐름에 올라타야 한다.

국가별 탈탄소 기술 관련 특허 개수 및 주목도 비교

에너지 관련 산업		해상풍력	연료 암모니아	수소	원자력
	1위	중국	미국	일본	미국
	2위	일본	중국	중국	중국
	3위	미국	일본	미국	영국
	4위	독일	독일	한국	일본
	5위	한국	영국	독일	한국

가정·사무실 관련 산업		주택·건축물 차세대 태양광발전	자원 순환	라이프 스타일
	1위	중국	중국	중국
	2위	일본	미국	미국
	3위	미국	한국	일본
	4위	한국	일본	프랑스
	5위	독일	프랑스	독일

운송·제조 관련 산업		자동차·배터리	반도체·정보통신	선박	물류·교통·토목	식품·농림수산	항공기	탄소 재활용
	1위	일본	일본	한국	중국	일본	미국	중국
	2위	중국	미국	중국	미국	미국	프랑스	미국
	3위	미국	중국	일본	한국	한국	중국	일본
	4위	한국	한국	미국	일본	중국	일본	한국
	5위	독일	대만	독일	독일	프랑스	영국	프랑스

일본은 '수소', '자동차·배터리', '반도체·정보통신', '식품·농림수산' 네 개 분야에서 선두를 차지했다. '해상풍력', '연료 암모니아', '주택·건축물', '라이프 스타일', '선박', '탄소 재활용' 여섯 개 분야에서도 2위와 3위를 차지하면서 비교적 높은 경쟁률을 자랑한다.

참고: 일본 자원에너지청, 「지적재산으로 보는 세계의 탈탄소 기술(전편)」
(https://www.enecho.meti.go.jp/about/special/johoteikyo/chizai_01.html)

게다가 재생에너지 도입이 국책 사업으로 지정되면 정부의 보증이 더해지기도 한다. 알기 쉬운 예로는 발전차액지원제도FIT, Feed-in Tariff가 있다. 발전사업자가 재생에너지 도입으로 인한 리스크를 짊어지지 않도록 정부가 재생에너지 전력을 고정 가격에 구매하는 제도다. 이처럼 전력 가격이 보장되면 사업의 예측 가능성이 커지므로 국내외 많은 기업이 관심을 기울이고 있다. 일본은 2030년까지 이산화탄소 배출량을 46% 줄일 계획이며, 재생에너지 도입 확대는 당연한 수순이다. 대규모 도입이 확실한 해상풍력발전을 비롯해 일본의 재생에너지 업계는 무척이나 매력적인 시장이다. 일본뿐만 아니라 해외 대형 재생에너지 기업도 일본 시장을 주목하며 호시탐탐 진입 기회를 엿보고 있다.

정리

- 기후변화 대책이 추진되면서 재생에너지 시장이 주목을 모으고 있다.
- FIT 제도 등으로 사업의 예측 가능성이 커져 시장 진입이 치열해진다.

026

바다를 활용하는
해상풍력발전

해양국가라는 특성을 살릴 수 있는
파급 효과가 큰 발전 방식

다양한 재생에너지 중에서도 바다 위에 풍차를 세워 전기를 생산하는 해상 풍력발전이 새로운 트렌드로 떠오르고 있다. 한 국제기구의 분석에 따르면, 2040년에 전 세계 해상풍력발전은 120조 엔이 넘는 투자액을 모으며 성장할 전망이다.

이러한 해상풍력발전은 일본의 탈탄소화에 한 줄기 빛을 내려줄 것으로 보인다. 탈탄소 사회를 실현하려면 재생에너지 비중을 대폭 늘려야 하지만, 국토가 좁고 그마저도 3분의 2가 산으로 이루어진 일본은 재생에너지 보급에 한계가 있다. 다만 해상풍력발전이라면 이야기가 다르다. 사면이 바다인 일본의 배타적 경제 수역은 세계 6위로 꼽힐 정도로 넓다. 바다 위는 거칠 것이 없고, 일본의 바다는 풍속이나 풍향이 좋은 지역이 많아 큰 잠재력을 지니고 있다. 이 때문에 일본 정부는 해상풍력발전을 '재생에너지의 주력 전원화를 위한 비장의 카드'라고 표현하며

해상풍력발전의 종류

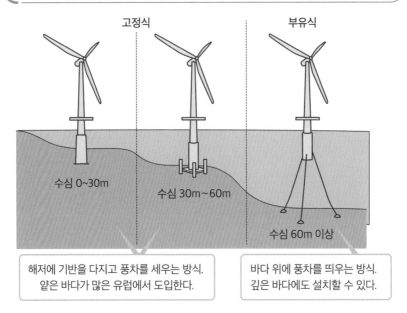

고정식

부유식

수심 0~30m

수심 30m~60m

수심 60m 이상

해저에 기반을 다지고 풍차를 세우는 방식.
얕은 바다가 많은 유럽에서 도입한다.

바다 위에 풍차를 띄우는 방식.
깊은 바다에도 설치할 수 있다.

참고: 신에너지·산업기술종합개발기구(NEDO), 「NEDO 재생에너지 기술백서」
(https://www.nedo.go.jp/content/100544818.pdf)

해상풍력발전 관련 비용 분류 및 주요 작업

개발조사 2.9%	풍차제조 23.8%	기초제조 6.7%	전기계통 7.7%	설치 15.5%

환경, 풍황, 지반 등을 조사

기상·해상관측선, 지질조사선 등 준비

나셀(풍력발전기의 발전장치) 조립

허브 제조

전력변환 장치 제조

블레이드 제조

타워 제조

풍차를 지탱하는 기초 구조물 제조

케이블, 해상변전소, 육상변전소 등의 전기 설비

기대감을 드러내고 있다. 또한 해상풍력발전은 사업 규모가 수천억 엔, 부품 수가 수만 개에 이르므로 관련 산업에 대한 파급 효과도 커서 일본의 강점인 제조업이 실력을 발휘할 수 있는 분야이기도 하다.

해상풍력발전에는 해저에 기반을 다져 풍차를 세우는 고정식과 바다 위에 풍차를 띄우는 부유식, 두 종류가 있다. 유럽은 얕은 바다가 많아 고정식이 주를 이루는데 이것이 세계적인 추세로 굳어졌다. 하지만 일본은 깊은 바다가 많아 고정식이 적합하지 않다. 앞으로 기술이 발전해 부유식이 보급되면 일본은 해양국가라는 특성을 살려 탈탄소화를 향해 성큼 나아갈 수 있을 것이다.

정리

- 국토가 좁고 사면이 바다인 일본은 해상풍력발전이 유리하다.
- 해상풍력발전은 부품 수가 많아 관련 산업에 미치는 파급 효과가 크다.

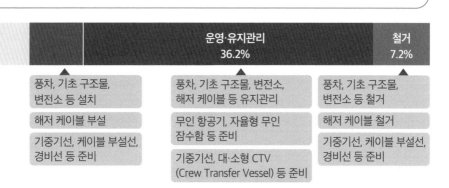

참고: 일본 경제산업성, 「해상풍력발전의 산업경쟁력 강화를 위해」(2020년 7월 17일)
(https://www.meti.go.jp/shingikai/energy_environment/yojo_furyoku/pdf/001_03_00.pdf)

027

세계 탈탄소화를 이끄는 태양광발전

내구연한과 편리성이 향상되고 있으나
여전히 존재하는 불안 요소

전 세계적으로 재생에너지 도입이 활기를 띠고 있는데, 그중에서도 태양광발전의 성장세가 두드러진다. 태양광발전은 기존 방식보다 발전소를 짓기 쉽고 발전 비용의 저하로 세계의 탈탄소화를 견인하는 주역으로 자리 잡고 있다. 국제에너지기구IEA도 '앞으로 태양광이 에너지의 리더가 될 것'이라고 표현할 만큼 태양광의 이용과 활용은 탈탄소화 추진에서도 안정적인 에너지 공급에서도 무척이나 중요하다.

태양광발전의 비용 저하는 일본에도 영향을 주고 있다. 2021년 7월, 일본 정부는 2030년 기준 발전소 건설 비용은 태양광이 가장 저렴할 것이라는 계산을 내놓았다. 이처럼 태양광발전은 비용면에서 이점이 뚜렷해지고 있다. 또한 성능과 관련해서도 내구연한이 길어지는 등 편리성이 매년 높아지고 있다. 앞으로도 태양광발전은 도입이 활발히 이루어질 전망이므로 가정과 기업 모두 염두에 두어야 하는 분야라 할

98

국가별 태양광발전 누적 도입량

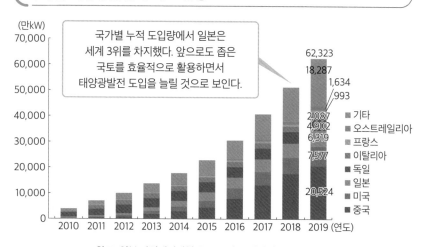

(만kW)

국가별 누적 도입량에서 일본은 세계 3위를 차지했다. 앞으로도 좁은 국토를 효율적으로 활용하면서 태양광발전 도입을 늘릴 것으로 보인다.

62,323
18,287
1,634
993
2,087
4,902
6,319
7,577
20,524

■ 기타
■ 오스트레일리아
■ 프랑스
■ 이탈리아
■ 독일
■ 일본
■ 미국
■ 중국

2010 2011 2012 2013 2014 2015 2016 2017 2018 2019 (연도)

참고: 일본 자원에너지청, 「2020년도 에너지 관련 연차보고(에너지백서 2021)」
(https://www.enecho.meti.go.jp/about/whitepaper/2021/pdf/2_2.pdf)

태양광발전의 장단점

장점	단점
발전 과정에서 이산화탄소를 배출하지 않는다.	발전 효율이 낮다(20% 전후).
설치 장소에 대한 제약이 비교적 적다.	발전 가능한 시간대가 정해져 있다.
발전 연료를 공급할 필요가 없다.	날씨에 따른 발전량 변동을 예측하기 힘들다.
다른 발전 방식보다 투자금 회수가 빠르다.	주변 경관을 해칠 수 있다.

수 있다.

　다만 태양광발전은 날씨에 따라 발전량이 좌우된다는 제약 때문에 출력을 안정시키기 위해 추가 비용이 든다는 단점이 있다. 그리고 태양광 패널에는 카드뮴과 같은 유해물질이 포함되어 있으므로 수명이 지난 패널을 회수해 재활용하는 체계가 구축되어야 한다. 또한 세계 태양광 패널 점유율의 70% 이상은 중국이며, 중국 기업은 태양광 패널을 생산하는 과정에서 신장 위구르족을 강제 노동에 동원한다는 혐의로 미국 정부의 제재를 받는 등 불안 요소를 안고 있다. 이에 따라 일본에서는 차세대 태양전지를 개발하는 움직임이 일어나기 시작했다. 앞으로도 과제를 잘 해결해 나가면서 태양광발전을 활용해야 할 것이다.

정리

- 건설 비용이 비교적 저렴한 태양광발전은 도입이 꾸준히 증가할 것이다.
- 날씨에 좌우되는 발전량, 재활용 체계 확립 등의 과제가 남아 있다.

풍부한 지열 자원을
활용할 수 있는 지열발전

비용과 열원 발굴 문제가 남아 있으나 안정적인 출력

재생에너지는 자연조건에 따라 출력이 들쑥날쑥하다는 난점이 있지만 지열발전은 예외다. 지열발전은 땅속 깊숙한 곳에 있는 지열 저류층에서 열수나 증기를 퍼 올려서 터빈을 돌리는 발전 방식이다. 따라서 열원의 존재 여부가 중요한데, 일본은 열원에 있어 미국과 인도네시아 다음가는 세계 3위 규모의 잠재력을 지니고 있다. 이 열원을 잘만 활용하면 탈탄소화에도 전력 공급에도 큰 진전으로 이어질 것으로 보인다.

여기까지만 놓고 보면 희망으로 가득 찬 지열발전이지만 아직 몇 가지 제약이 남아 있다. 그중 하나는 개발 비용이다. 지열 저류층을 찾으려면 시추 조사가 필요한데, 지금은 한 번 굴착하는 데 수억 엔이 들어간다. 게다가 기껏 팠더니 '열원이 존재하지 않는다'라는 결과가 나오기도 한다. 열원이 존재하더라도 전력을 생산하기에는 열수량이 부족해 사업화로 이어지지 않는 사례도 있다. 게다가 열원이 국립공원 내에 있거나 지역 사회의 반대에 부딪히는 등 개발을 막는 요인 탓에

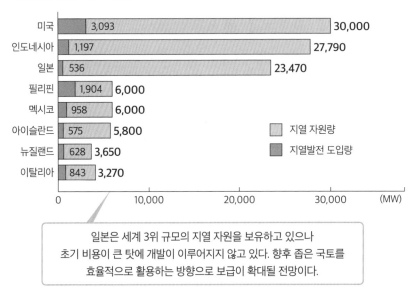

국가별 지열 자원량과 지열발전 도입량

국가	지열발전 도입량	지열 자원량
미국	3,093	30,000
인도네시아	1,197	27,790
일본	536	23,470
필리핀	1,904	6,000
멕시코	958	6,000
아이슬란드	575	5,800
뉴질랜드	628	3,650
이탈리아	843	3,270

(MW)

일본은 세계 3위 규모의 지열 자원을 보유하고 있으나 초기 비용이 큰 탓에 개발이 이루어지지 않고 있다. 향후 좁은 국토를 효율적으로 활용하는 방향으로 보급이 확대될 전망이다.

참고: 신에너지·산업기술종합개발기구(NEDO), 「NEDO 재생에너지 기술백서」(2014년)
(https://www.nedo.go.jp/content/100544822.pdf)

일본의 총 발전 전력량에서 지열발전이 차지하는 비율은 0.3%에 지나지 않는다.

　하지만 현재 열원 탐색 기술은 세계적으로 향상되는 중이며, 열수량 부족 문제도 지상에서 물을 주입하는 방식이 개발되는 등 기술 혁신이 빠르게 이루어지고 있다. 행정상으로도 법 개정과 제도 개선을 통해 제약이 서서히 사라지는 추세다. 아직 많은 과제가 남아 있지만 전부 해결하고 나면 지열발전으로 탈탄소화를 실현하는 미래가 다가올지도 모른다.

지열발전의 장단점

장점	단점
발전 과정에서 이산화탄소를 거의 배출하지 않는다.	발전 효율이 비교적 낮다(20%).
에너지원이 고갈될 염려가 없다.	조사의 정밀도가 낮고 개발 리스크가 크다.
발전량이 날씨나 계절에 따라 좌우되지 않는다.	건설 비용이 많이 들고 비용 대비 효과 면에서 과제가 남아 있다.
일본은 다른 나라에 비해 풍부한 지열 자원을 보유하고 있다.	발전에 적합한 곳은 국립공원이나 온천지 내에 있는 경우가 많다.

정리

- 일본의 지열발전은 높은 잠재력을 지니고 있다.
- 기술 혁신과 법 개정을 통해 열원 탐색이 수월해지고 있다.

029

바이오매스발전은
탈탄소화로 볼 수 있을까?

이산화탄소 배출과 삼림 벌채 등으로 인해
부정적인 견해가 존재하는 발전

재생에너지 중 태양광이나 풍력발전은 발전 과정에서 이산화탄소가 배출되지 않는다. 반면 바이오매스발전은 생물 자원을 태워서 발전하므로 이산화탄소가 배출된다. 따라서 바이오매스발전은 발전을 둘러싼 순환 구조를 탄소중립(14쪽 참고)으로 여긴다. 바이오매스발전은 동식물 그 자체나 유기성 폐기물을 활용하는데, 예를 들어 목질 바이오매스의 경우 발전에 사용한 만큼 나무를 심는다. 그리고 심은 나무가 자라면 대기 중의 이산화탄소를 흡수해 내부에 고정한다. 이처럼 순환이 이루어지는 한, 대기 중 이산화탄소는 증가하지 않으므로 탄소중립이라는 논리다.

한편, 이산화탄소 배출 자체를 부정적으로 여겨 바이오매스발전은 탈탄소화가 아니라고 보는 견해도 있다. 여기에는 나무를 심는다고 해서 발전에 사용한 만큼 그대로 자라는 것인지, 바이오매스발전을 위한 벌목이 환경에 무해하다고 볼 수 있을지, 원시림을 복원할 수 없는 것은

바이오매스 발전의 구조

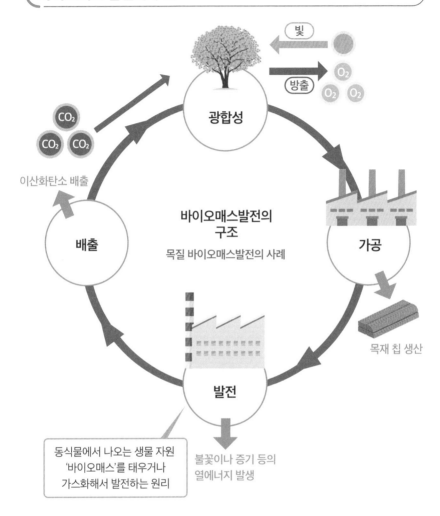

빛

방출

O_2

O_2 O_2

광합성

CO_2

CO_2 CO_2

이산화탄소 배출

배출

바이오매스발전의
구조

목질 바이오매스발전의 사례

가공

목재 칩 생산

발전

동식물에서 나오는 생물 자원
'바이오매스'를 태우거나
가스화해서 발전하는 원리

불꽃이나 증기 등의
열에너지 발생

아닌지 등의 비판도 존재한다. 유럽에서는 접근 금지 구역No-go Area 내 생물 다양성이 높은 원시림에서 목재를 조달하는 일을 '친환경'이라고 볼 수 없다는 지적이 나오고 있는데, 이러한 견해가 국제적인 기준으로 자리 잡을지도 모른다.

또한 일본은 일본 내에서의 목질 바이오매스 공급은 한정적이므로 바이오매스발전 규모를 확대하기 위해서는 자원 수입에 의존할 수밖에 없다. 앞으로는 이러한 과제를 해결하는 한편, 국내 자원을 효율적으로 활용하는 방안에 대한 논의가 이루어질 것이다.

💡정리
- 이산화탄소 순환에 의해 실질적인 이산화탄소 배출량은 0이라는 바이오매스발전.
- 자원 수입, 벌목, 재생 가능성과 같은 과제가 남아 있다.

030

거국적으로 수소에 매달리는 일본

이산화탄소를 배출하지 않는 대체 연료이나 문제는 비용

탈탄소 시대로 나아가는 데 있어 일본이 주력하는 분야 중 하나가 수소다. 수소는 산소와 화학반응을 일으키는 과정에서 에너지를 만들면서도 화석연료와 달리 이산화탄소를 배출하지 않는다. 수소는 제철업에서도 환영받는 존재다. 지금까지는 철광석과 산소를 분리하는 환원 과정에 석탄을 사용했지만, 석탄 대신 수소로 환원하는 수소환원제철을 도입하면 화석연료의 사용을 줄일 수 있다. 이러한 관점에서 수소는 화석연료의 대체재로 떠오르고 있다. 뿐만 아니라 수소가 지구상에 무궁무진하게 많이 존재한다는 것도 강점이다. 그리고 수소는 물과 전기가 있으면 만들어낼 수 있으므로 남은 재생에너지 전력을 저장하는 배터리처럼 쓸 수도 있다.

그러나 해결해야 할 문제도 있다. 가연성 기체인 수소는 다루기가 까다롭다는 것이다. 게다가 더 큰 문제는 비용이다. 수소는 생산 방식에 따라 화석연료에서 추출(개질)하는 브라운 수소, 그 과정에서 배출되는

수소 및 연료전지 분야의 목표와 실현 방안

수소전기차

2025년에 20만 대
2030년에 80만 대

▼

규제 개선과 기술 개발을
통해 수소전기차 가격과
운용 비용 저감.

수소충전소

2025년에 320개소
2030년에 900개소

▼

전국적인 네트워크
확충, 휴일 운영 확대,
설비·운영비 저감.

수소버스

2030년에 1,200대

▼

버스용 수소충전소 확충,
차량 가격 인하.

수소발전

2030년에 상용화

▼

연소기 개발, 수소
전소(專燒) 터빈 발전
효율의 향상.

수소연료전지

서둘러
제조 비용을 절감

▼

기술 개발을 통해
업무·산업용 연료전지 제조
비용 절감.

참고: 일본 자원에너지청, 「수소·연료전지 전략 로드맵」

수소 이용 관련 주요 과제

기술
수소 이용의 핵심인 연료전지의
내구성과 신뢰성이 아직 낮다.

비용
지금으로서는 제조, 운송,
저장 등에 비용이 많이 들어간다.

제도
산업이나 가정에서의 이용을
염두에 둔 제도가 미비하다.

인프라
수소 공급 시스템의 핵심인
수소충전소가 부족하다.

이산화탄소를 포집하면서 생산하는 블루 수소, 재생에너지 전력으로 생산하는 그린 수소 등으로 나눌 수 있는데 모두 비용이 많이 든다. 액화 천연가스 못지않은 시장 경쟁력을 갖추려면 지금보다 10분의 1까지 비용을 낮춰야 한다. 또한 그린 수소는 수소를 생성하고 다시 그 수소로 발전하는 과정에서 절반이 넘는 에너지가 유실된다는 단점이 있다. 다만 앞으로의 기술 혁신이 기대되고, 탈탄소 사회로 가까워질수록 재생에너지 가격과 함께 수소 가격이 저렴해지면 중요성이 커질 분야라는 사실은 분명하다.

정리

- 수소는 발전 과정에서 이산화탄소를 배출하지 않으며 환원제로도 쓰인다.
- 시장 경쟁력을 높이려면 지금의 10분의 1까지 비용을 낮춰야 한다.

031

그린 성장 전략에서 중시하는 암모니아

수소 운반 수단이나 에너지원으로서 기대되는 역할

재생에너지, 수소와 더불어 암모니아가 주목받고 있다. 세계적으로 암모니아는 80%가 비료, 나머지 20%가 공업용으로 활용되는데, 다가오는 탈탄소 사회에서는 다음 두 가지 역할도 맡을 것으로 보인다. 첫 번째는 수소 캐리어, 즉 수소를 운송하는 역할이다. 107쪽에서 탈탄소화가 진행될수록 수소의 중요성이 커질 것이라고 이야기했지만, 아직은 수소를 해외로 유통하는 데 필요한 운송 기술이 부족하다. 그러나 암모니아는 질소와 수소로 구성된 매우 안정적인 물질로, 안전하게 운송하는 기술은 이미 개발된 상태다. 따라서 대량 운송이 힘든 수소를 이미 운송 기술이 개발된 암모니아로 변환한 다음, 목적지에서 수소로 되돌리는 기술에 대한 연구가 세계 곳곳에서 이루어지고 있다.

두 번째는 에너지원으로서의 역할이다. 암모니아는 그 자체를 태우기만 해도 에너지를 뽑아낼 수 있는 데다가 연소 과정에서 이산화탄소가 배출되지 않는다. 물론 100% 암모니아만 이용하는 전소専燒 발전은

암모니아의 용도(2012년)

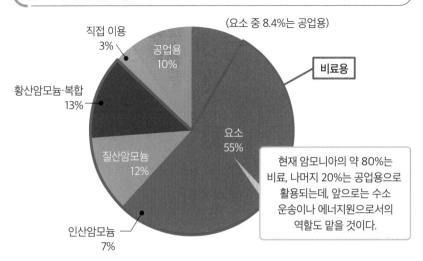

직접 이용
3%

공업용
10%

(요소 중 8.4%는 공업용)

황산암모늄·복합
13%

비료용

질산암모늄
12%

요소
55%

인산암모늄
7%

현재 암모니아의 약 80%는
비료, 나머지 20%는 공업용으로
활용되는데, 앞으로는 수소
운송이나 에너지원으로서의
역할도 맡을 것이다.

참고: 일본 자원에너지청, 「암모니아가 '연료'가 된다?! (전편)」(2021년 1월 15일)
(https://www.enecho.meti.go.jp/about/special/johoteikyo/ammonia_01.html)

암모니아 혼소 발전(석탄+암모니아)과 전소 발전 비교

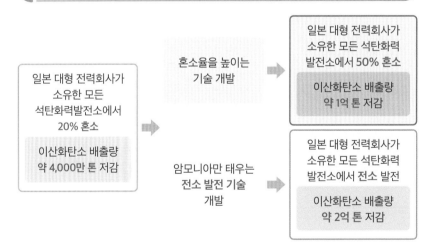

일본 대형 전력회사가
소유한 모든
석탄화력발전소에서
20% 혼소

이산화탄소 배출량
약 4,000만 톤 저감

혼소율을 높이는
기술 개발

일본 대형 전력회사가
소유한 모든 석탄화력
발전소에서 50% 혼소

이산화탄소 배출량
약 1억 톤 저감

암모니아만 태우는
전소 발전 기술
개발

일본 대형 전력회사가
소유한 모든 석탄화력
발전소에서 전소 발전

이산화탄소 배출량
약 2억 톤 저감

참고: 일본 자원에너지청, 「암모니아가 '연료'가 된다?! (전편)」(2021년 1월 15일)
(https://www.enecho.meti.go.jp/about/special/johoteikyo/ammonia_01.html)

시기상조다. 하지만 석탄화력발전에 암모니아를 섞어서 태우는 혼소混燒 발전은 기술 개발이 이루어지고 있다. 혼소 발전은 암모니아를 섞은 만큼 이산화탄소 배출량을 줄일 수 있다. 현재 화력발전의 비중이 높은 일본은 이 분야에서의 이산화탄소 배출량 감축이 시급한데, 이러한 암모니아의 특성을 활용하면 높은 효과를 거둘 수 있다. 그린 성장 전략에서 암모니아가 중요한 위치를 차지하는 것도 그 때문이다. 아직은 비용과 같은 문제가 남아 있지만 탈탄소화로 향하는 이행기에서 암모니아의 역할은 꾸준히 커질 것으로 보인다.

정리

- 암모니아 형태로 수소를 옮기는 운송 기술 연구가 이루어지고 있다.
- 석탄과 암모니아를 같이 태우는 혼소 발전 기술로 이산화탄소 배출량을 줄인다.

원자력발전은
부활할 수 있을까?

원자력발전의 장점을 포기할 수 없어
재가동을 전제로 논의 중

2011년 후쿠시마 제1원자력발전소 사고 이후 일본은 에너지 정책을 완전히 뒤엎어야만 했다. 특히 원자력발전소는 아직도 일본 국민의 부정적인 인식을 돌려놓지 못한 탓에 재가동이 더디게 진행되고 있다.

2030년까지 온실가스 배출량을 2013년 대비 46% 감축한다는 목표를 달성하려면 전력 분야에서의 이산화탄소 배출량을 대폭 줄여야 한다. 그러나 이를 위해서는 70% 이상을 화력발전에 의존하는 현재 상황에 메스를 댈 필요가 있다. 문제는 재생에너지 발전 시설 확충만으로는 한계가 있다는 사실이다.

원자력발전은 발전 과정에서 이산화탄소를 배출하지 않는다는 점에서 탈탄소화에 적합하고, 태양광이나 풍력발전과 달리 출력이 일정하므로 안정적인 전력 공급이라는 관점에서도 높이 평가할 만하다. 게다가 일본에는 이미 원자력발전 시설이 갖추어져 있고 그 시설을 재가동하

원자력발전의 장단점

장점	단점
발전 과정에서 이산화탄소를 거의 배출하지 않는다.	다 쓴 연료를 처리하기 힘들다.
발전량에 비해 필요 면적이 작다.	사고 발생 시 막대한 피해가 발생한다.
발전 비용이 비교적 저렴하다.	안전 대책 시행에 비용이 많이 든다.
연료를 안정적으로 공급할 수 있다.	발전소 해체에 비용과 기간이 많이 든다.

기만 하면 되므로 추가 투자 없이 당장 전력을 생산할 수 있다는 장점도 있다. 일본 정부는 이러한 이점을 고려해 재가동을 전제로 2030년에는 원자력발전의 비율이 20~22%까지 늘어날 것이라고 발표했다. 또 연구 개발과 관련해서도 고속 원자로 개발과 소형 모듈 원자로SMR 기술 실증을 진행하는 한편, 핵융합 기술 연구에 매달린다는 방침을 내보이며 기대를 걸고 있다. 전체적으로 살펴보면 안전성을 최우선으로 삼고 재생에너지 비중을 확대하는 한편, 가능한 한 원자력발전에 대한 의존도는 낮춘다는 목표다. 하지만 탈탄소화가 시급하다 보니 당분간은 원자력발전소를 재가동하는 방향으로 논의가 이루어질 것으로 보인다.

일본 원자력발전소 현황(2024년 1월 24일 기준)

1 홋카이도전력 도마리발전소 ❶❷❸
2 J-POWER 오마 원자력발전소 ●
3 도호쿠전력 히가시도리 원자력발전소 ❶
3 도쿄전력 히가시도리 원자력발전소 ❶
4 도호쿠전력 오나가와 원자력발전소 ❶❷❸
5 도쿄전력 후쿠시마 제1원자력발전소 ❶❷❸❹❺❻
6 도쿄전력 후쿠시마 제2원자력발전소 ❶❷❸❹
7 일본원자력발전 도카이·도카이 제2원자력발전소 ●●
8 주부전력 하마오카 원자력발전소 ❶❷❸❹❺
9 시코쿠전력 이카타발전소 ❶❷❸

● 가동 중인 원자로　　　　　12기(※정지 중 2기)
● 원자로 설치 변경 허가가 이루어진 원자로 5기
● 새로운 규제에 따라 안전 심사를
　진행 중인 원자로　　　　　　　　　10기
● 안전 심사를 신청하지 않은 원자로　　9기
● 폐쇄가 결정된 원자로　　　　　　　24기

10 도쿄전력 가시와자키 가리와 원자력발전소 ❶❷❸❹❺❻❼
11 호쿠리쿠전력 시카 원자력발전소 ❶❷
12 일본원자력발전 쓰루가발전소 ❶❷
13 간사이전력 미하마발전소 ❶❷❸
14 간사이전력 오이발전소 ❶❷❸❹
15 간사이전력 다카하마발전소 ❶❷❸❹※
16 주고쿠전력 시마네 원자력발전소 ❶❷❸
17 규슈전력 겐카이 원자력발전소 ❶❷❸※❹
18 규슈전력 센다이 원자력발전소 ❶❷

참고: 일본 자원에너지청, 「원자력발전소 현황」(2024년 1월 24일)
(https://www.enecho.meti.go.jp/category/electricity_and_gas/nuclear/001/
pdf/001_02_001.pdf)

정리

　　원자력발전은 이산화탄소를 배출하지 않으면서 전력을 안정적으로 공급한다.
　　일본은 2030년에는 원자력발전 비율이 20~22%에 이를 것이라고 내다보고 있다.

방대한 에너지를 만드는 핵융합발전의 가능성

차세대 그린 연료로 자주 손꼽히는 것이 핵융합에너지이다. 수소처럼 원자핵이 가벼운 원자는 서로 부딪치며 융합하는 과정에서 어마어마한 에너지를 방출하는데, 이를 핵융합반응이라고 한다. 태양을 떠올리면 이해하기 쉽다. 태양에서는 핵융합반응이 끊임없이 일어나며, 이때 발생한 에너지가 지구로 날아온다. 사실 핵융합발전은 태양의 전유물이 아니라 우주에서 빛을 내뿜는 대다수의 항성이 핵융합반응으로 에너지를 얻는다. 이처럼 방대한 에너지를 만드는 것이 핵융합발전이다. 이러한 특성으로 인해 '인공태양'이라고도 불린다.

핵융합발전은 핵분열반응을 이용하는 원자력발전과 달리 연쇄 반응이 일어나지 않아 원리적으로는 폭주와 거리가 멀다. 그리고 핵융합반응에 필요한 연료는 중수소와 삼중수소로, 중수소는 바닷물에서 얻을 수 있으므로 연료가 풍부하다는 것도 장점이다. 게다가 원자력발전과 마찬가지로 발전 과정에서 이산화탄소를 배출하지 않으므로 탈탄소화에도 이바지할 것으로 보인다. 다만 과제도 많이 남아 있다.

핵융합반응은 핵분열반응과 달리 기술적으로 반응을 유지하기 힘들고, 그나마 유지하더라도 조금만 이상이 생기면 반응이 멈춘다. 그리고 핵융합반응 과정에서 발생하는 중성자는 핵융합로의 벽과 건축물에 스며 들었다가 오랫동안 방사선을 방출한다. 건축물 자체가 저준위 방사성폐기물이 되는 셈이다. 저준위라고 해도 환경에 해롭기 때문에 30년 이상의 냉각 기간이 필요한데, 이처럼 방사성폐기물을 처리하는 데 많은 환경 오염 대책과 큰 비용이 들어간다. 실용화까지는 갈 길이 멀어 보이지만 선진국들은 앞을 다투어 연구개발에 박차를 가하고 있다. 한국핵융합에너지연구원(KFE)에서도 인공태양(핵융합반응)을 만들기 위해 많은 투자를 하고 있다.

전동화, 이차전지 개발 등의 활동

운송·제조업의
탈탄소화와
경쟁력 강화 전략

033 🌿

일본은 세계 자동차 전쟁에서 뒤처졌다?

이제는 전기차라는 대세에 올라탈 때

탄소중립을 실현하려면 운송 부문에서 이산화탄소 배출량을 줄이는 것이 중요하다. 이때 빼놓을 수 없는 주제가 자동차의 전동화다. 전동차는 전기 에너지로 달리는 자동차를 통틀어 이르는 말인데, 전기자동차 EV가 대표적이며 하이브리드차 HEV 또한 여기에 포함된다. 하이브리드차에는 휘발유로 움직이는 엔진과 전기로 움직이는 모터가 모두 탑재되어 있다. 주행 중 발생하는 운동 에너지를 전기 형태로 배터리에 모아두었다가 그 전력으로 모터를 돌리는 식이다. 엔진과 모터를 함께 사용하므로 연비 효율이 높고 휘발유차보다 이산화탄소 배출량도 더 적다.

탈탄소화의 관건은 하이브리드차를 포함한 자동차의 전동화다. 세계 곳곳에서 전동화를 추진하는 것도 그 때문이다. 다만 유럽에서는 하이브리드차도 이산화탄소를 배출한다는 이유로 신차 판매를 허용하지 않는 움직임(82쪽 참고)도 나오고 있다. 이에 따라 최근 몇 년 사이에 전

118

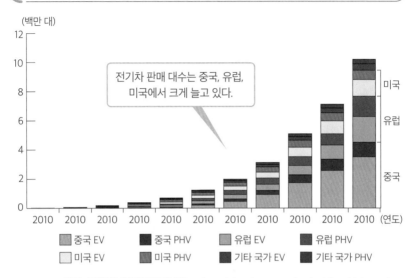

전기자동차(EV)와 플러그인 하이브리드차(PHEV) 판매 추이

(백만 대)

전기차 판매 대수는 중국, 유럽, 미국에서 크게 늘고 있다.

미국
유럽
중국

2010 2010 2010 2010 2010 2010 2010 2010 2010 2010 2010 (연도)

▨ 중국 EV	■ 중국 PHV	▨ 유럽 EV	▨ 유럽 PHV
☐ 미국 EV	▨ 미국 PHV	■ 기타 국가 EV	■ 기타 국가 PHV

참고: 국제에너지기구(IEA), 「Trends and developments in electric vehicle markets」
(https://www.iea.org/data-and-statistics/charts/global-electric-passenger-car-stock
-2010-2020)

기차 시장이 빠르게 성장했다. 미국의 전기차 기업 테슬라는 세계 최고 수준의 매출을 자랑하고, 유럽에서도 다양한 기업이 전기차를 선보이며 테슬라를 바짝 뒤쫓고 있다. 중국에서는 500만 원으로 살 수 있는 '홍광宏光 미니 EV'가 불티나게 팔리고 새로운 전기차 기업이 속속 나타나면서 전기차 전쟁은 군웅할거의 양상으로 접어들었다.

이에 비해 일본은 닛산자동차가 세계 최초로 전기차 양산을 시작했으나 하이브리드차가 강세를 보이면서 전기차 경쟁에는 뒤늦게 뛰어들었다. 전기차 라인업을 갖추기 시작한 일본 기업이 앞으로 어떤 반격을 펼칠지 예의 주시할 필요가 있다.

주요 전기차 기업의 동향

일본 기업

닛산자동차

세계 최초로 선보인 양산형 전기차 '리프(LEAF)'가 일본 전기차 점유율 90%를 차지. 2020년 3월 테슬라의 '모델 3(Model 3)'이 앞지르기 전까지 세계 최다 판매 대수(50만 대)를 자랑했다. 명성을 되찾기 위해 2021년 세계 시장을 겨냥한 크로스 오버 전기차 '아리야(ARIYA)'를 출시했다.

도요타자동차

2020년 2인승 초소형 전기차 'C+팟(C+pod)'을 선보였으며 2022년부터 개인 판매를 시작했다. 2030년까지 전동차 판매 800만 대(이 중 전기차와 수소전기차는 200만 대)가 목표.

해외 기업

테슬라

전기차 업계의 선두주자. 2021년 2월 '모델 3'의 가격을 대폭 낮추고 6월에는 파나소닉이 테슬라 주식을 고가에 매각하면서 화두에 올랐다.

상하이GM우링(上汽通用五菱)

중국에서 빠르게 세를 늘리고 있는 저가 전기차 제조업체. 500만 원대라는 저렴한 가격을 자랑하며 중국 내에서는 테슬라를 뛰어넘는 위세를 보이고 있다.

정리

- 탈탄소화에서 차량의 전동화는 무시할 수 없는 트렌드.
- 전기차 보급이 급속도로 확대되면서 미국, 유럽, 중국 간의 경쟁이 치열해졌다.

034

당신의 다음 차는 전기차일지도 모른다

충전 문제가 남았으나
가정이나 재난 현장에서 전기차의 전력 활용이 가능

전동화가 진행되면서 전기차뿐만 아니라 외부 충전이 가능한 플러그인 하이브리드차PHEV, 수소와 산소 간 화학반응으로 전기를 얻는 수소전기차FCV 등 선택지가 늘어났다. 각각 그 특징이 다른데, 그중 전기차는 유지비가 적게 든다는 장점이 있다. 현재 유가와 전기요금을 기준으로 놓고 보면 휘발유차의 연비보다 전기차의 전기요금이 더 저렴하다. 차종이 적고 차량 가격이 비싸다는 단점이 있지만, 다양한 기업에서 전기차를 선보이는 데다가 정부도 전기차 구매 보조금을 지원하고 있어 초기 비용도 낮아지는 추세다. 주행거리 면에서도 이제는 한 번 완충하면 400km 이상 주행 가능한 모델을 어렵지 않게 볼 수 있다.

다만 문제는 충전이다. 급속 충전이 있기는 하나 완충까지 최소 30분은 걸린다. 설치된 충전기 수도 부족하다. 도심 아파트에 사는 사람은 집에서 충전하기 어려워 한층 불리하지만, 단독주택에 사는 사람은

차세대 자동차의 연비 비교

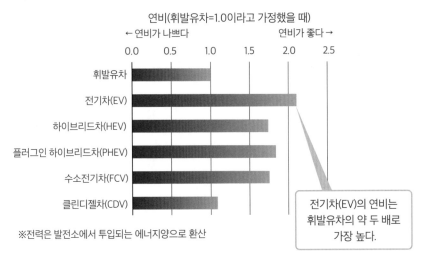

연비(휘발유차=1.0이라고 가정했을 때)

← 연비가 나쁘다   연비가 좋다 →

0.0   0.5   1.0   1.5   2.0   2.5

휘발유차

전기차(EV)

하이브리드차(HEV)

플러그인 하이브리드차(PHEV)

수소전기차(FCV)

클린디젤차(CDV)

전기차(EV)의 연비는 휘발유차의 약 두 배로 가장 높다.

※전력은 발전소에서 투입되는 에너지양으로 환산

참고: 일본 환경성, 「친환경차는 어떠세요?」
(https://ondankataisaku.env.go.jp/coolchoice/kaikae/ecocar/)

V2H의 원리

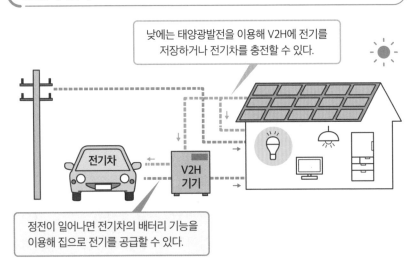

낮에는 태양광발전을 이용해 V2H에 전기를 저장하거나 전기차를 충전할 수 있다.

전기차

V2H
기기

정전이 일어나면 전기차의 배터리 기능을 이용해 집으로 전기를 공급할 수 있다.

차고에 충전 설비를 설치해 집에서도 차량을 충전할 수 있다. 여기에 V2HVehicle to Home라는 기기를 갖추면 자동차에 모아둔 전력을 집에서 끌어다 쓰는 것도 가능하다.

이동 수단으로도 배터리로도 활용할 수 있는 전기차는 재난 대비 관점에서도 유용한데, 집에 태양광발전 설비가 설치되어 있으면 더 큰 효과를 얻을 수 있다. 경차 타입의 전기차도 2022년부터 시판에 들어가 지방을 중심으로 보급이 확대될 것이다.

 정리
- 유지비가 저렴하면서 주행거리가 늘어나고 있는 전기차.
- 완충하는 데 30분 이상 걸리고 충전 설비가 부족한 것이 문제다.

035

수소전기차에
진심인 나라는 일본뿐?

**장거리 운송에 유리해
각국이 주목하기 시작한 수소전기차**

일본은 일찍부터 수소 활용에 나섰다(107쪽 참고). 그중에서도 도요타
자동차의 출발이 빨랐다. 도요타자동차는 하이브리드 기술로 이산화
탄소 배출량 저감에 이바지하는 한편, 몇 수 앞을 내다보고 수소의 화학
반응을 이용하여 주행 시 이산화탄소를 배출하지 않는 수소전기차(121쪽 참
고) 개발에 주력했다. 이윽고 2014년에는 '미라이MIRAI'의 판매를 시작
했다.

수소전기차의 핵심은 차량 내부에 탑재된 수소 탱크와 연료전지다.
수소 탱크에서 공급되는 수소와 대기 중 산소가 연료전지 내부에서 화
학반응을 일으키면 전기와 물이 만들어진다. 이때 발생한 전기로 모터
를 돌려 움직이는 것이 수소전기차다. 따라서 배기구에서는 이산화탄소
대신 깨끗한 물이 나온다.

수소충전소 설치 현황

2023년 12월 기준으로 운영 중인
수소충전소는 161개소다.
일본은 2025년까지 320개소를
설치한다는 목표를 세웠다.

기타 지역 27
수도권 50
주쿄(中京)권 49
간사이(関西)권 20
규슈(九州)권 15

참고: 일본 차세대자동차진흥센터, 「수소충전소 설치 현황」
(http://www.cev-pc.or.jp/suiso_station/)

수소전기차(FCV)의 구조

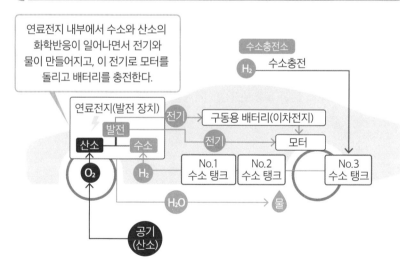

연료전지 내부에서 수소와 산소의
화학반응이 일어나면서 전기와
물이 만들어지고, 이 전기로 모터를
돌리고 배터리를 충전한다.

참고: 도요타자동차, 「도요타의 수소전기차 미라이와 수소 관련 FAQ」
(https://toyota.jp/mirai/station/faq/index.html)

친환경 자동차 중에는 전기차라는 선택지도 있지만, 전기차는 휘발유차보다 주행거리가 짧고 충전하는 데에도 시간이 걸린다. 반면에 수소전기차는 한 번 충전하면 1,000km 이상 달릴 수 있는 모델도 있고, 수소를 충전하는 시간도 3분밖에 걸리지 않는다.

다만 전기차가 충전소 부족 문제를 해결해야 하듯이 수소전기차도 수소 공급 인프라 문제가 남아 있다. 일본에 설치된 수소충전소는 161개소로(우리나라는 2024년 4월 기준으로 170개소가 운영 중이다—옮긴이) 수소 경제 규모에 비하면 턱없이 부족하고 수소전기차 보급도 더디기만 하다. 한편 해외에서는 장거리 운송에 적합하다는 수소의 특징을 살려 승용차보다는 상용차로서의 가능성에 주목하고 있다. 유럽은 버스와 트럭에 수소를 활용하기 시작했으며, 중국도 수소전기차를 이용한 중장거리 운송에 나섰다. 앞으로 수소전기차는 중장거리 운송 분야를 시작으로 차차 세력을 넓힐 것이다.

정리

- 연료전지가 탑재되어 있으며 수소와 산소로 전기를 만드는 수소전기차.
- 수소 공급 인프라 문제가 남아 있으나 장거리 운송에 적합하다.

036

기술이 빠르게 발전하는 배터리 분야

전기차 성능 향상을 위한 배터리 기술의 진화

탈탄소 사회로 향하는 흐름 속에서 성장세를 보이는 재생에너지를 비롯해 다양한 분야에서 비즈니스 변혁과 기술 발전이 나타나고 있다. 이차전지는 그 속도가 두드러지는 분야 중 하나다. 특히 전기차에 탑재되는 차량용 이차전지는 자동차를 움직일 만큼 높은 출력과 함께 안전성도 갖추어야 한다. 더 나아가 전기차의 숙원 사업인 주행거리를 늘리려면 배터리의 밀도를 높여야 한다. 따라서 이차전지 관련 기업들은 자동차 제조업체의 까다로운 요구 사항을 충족하기 위해 개발에 개발을 거듭하고 있다.

차량용 이차전지 분야에서는 CATL닝더스다이, 寧德時代과 LG가 세계 점유율 절반을 차지하고 있으며, 파나소닉이 그 뒤를 따르고 있다. 미국의 전기차 기업인 테슬라와 협업하고 있는 파나소닉은 테슬라가 내거는 높은 요구 사항에 대응함으로써 테슬라의 약진을 뒷받침하며, 이차전지 분야의 경쟁력을 갈고닦았다. 한편으로는 도요타자동차와 배터리 합작사를

전기차용 이차전지 세계 점유율(2021년 1~8월)

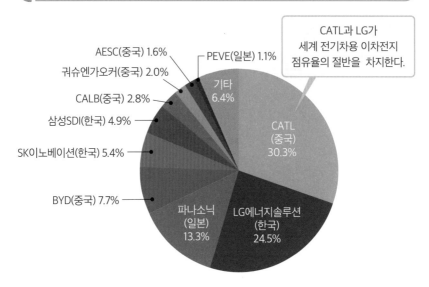

AESC(중국) 1.6%
궈슈엔가오커(중국) 2.0%
CALB(중국) 2.8%
삼성SDI(한국) 4.9%
SK이노베이션(한국) 5.4%
BYD(중국) 7.7%
PEVE(일본) 1.1%
기타 6.4%

CATL과 LG가 세계 전기차용 이차전지 점유율의 절반을 차지한다.

CATL(중국) 30.3%
LG에너지솔루션(한국) 24.5%
파나소닉(일본) 13.3%

참고: SNE Research, 「Global EV Battery Installation in Jan~August 2021」(2021년 10월 15일)

이차전지의 장단점

장점	단점
정전이 발생해도 전기를 쓸 수 있다.	10~15년 뒤에는 교체가 필요하다.
전기요금을 아낄 수 있다.	저장 가능한 전력량에 한계가 있다.
생활 속에서 친환경을 실천할 수 있다.	설치 공간이 필요하다.
전기차를 충전할 수 있다.	초기 비용이 많이 든다.

세우며 연계를 다지고 있다. 또 어떤 소식을 전할지 파나소닉의 발걸음에 이목이 쏠린다.

이차전지 수요는 자동차 분야에 국한되지 않는다. 재생에너지는 계절이나 날씨에 따라 발전량이 들쭉날쭉하므로 전력계통에 부하가 걸리기 쉬워 **출력을 안정화하는 것이 중요한데, 안정화시키는 역할을 맡는 것이 이차전지.** 기업이나 병원 등에서는 유사시에 보조 전원으로 활용할 수 있어 방재 관점에서도 유용하다. 유럽 역시 정부 차원에서 이차전지 분야를 적극적으로 지원하고 있어(82쪽 참고) 글로벌 경쟁이 한층 뜨거워질 것으로 보인다.

정리

- 전기차의 출력을 높이고 재생에너지를 안정화하는 이차전지.
- 테슬라, 도요타자동차와 연계를 다지는 파나소닉.

037

에너지 효율화에 이바지하는 반도체 수요 확대

전력을 제어하는 반도체는 탈탄소화에서 빼놓을 수 없는 존재

'반도체'라고 하면 컴퓨터와 같은 전자기기에 들어가는 칩을 떠올리기 쉽지만, 반도체는 탈탄소 분야에서도 매우 중요하다. 오늘날 디지털화의 진전으로 인해 데이터센터가 우후죽순으로 들어서면서 전력 소비량이 늘어나고 에너지 효율화가 절실해졌다. 이러한 에너지 효율화를 실현하는 방법으로 반도체 성능 향상이 있다.

반도체에는 다양한 종류가 있어 CPU나 메모리처럼 연산을 수행하는 반도체 외에 전력을 제어하거나 공급하는 반도체도 있다. 탄소중립을 실현하기 위해 자동차의 전동화가 활발히 이루어지고 있는데, 전동화가 진행될수록 차량용 반도체 수요도 늘어난다. 최근 전 세계적으로 반도체 수요가 급증한 것도 그 때문이다. 게다가 코로나로 인한 경기 침체에서 벗어나고자 경제 부흥책을 펼치는 과정에서 반도체 공급이 수요를 따라가지 못해 반도체 부족 사태가 벌어지기도 했다. 앞으로도

반도체가 필요한 분야

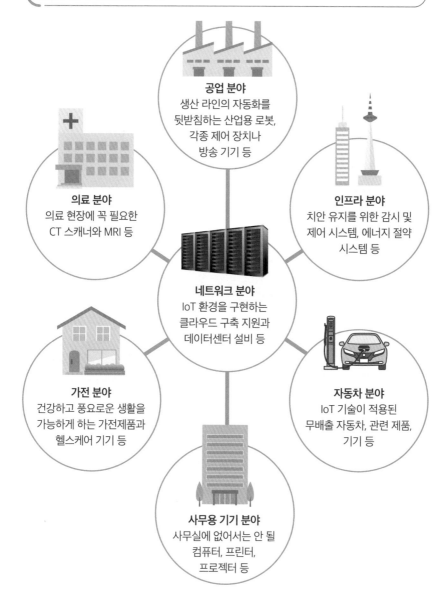

공업 분야
생산 라인의 자동화를
뒷받침하는 산업용 로봇,
각종 제어 장치나
방송 기기 등

의료 분야
의료 현장에 꼭 필요한
CT 스캐너와 MRI 등

인프라 분야
치안 유지를 위한 감시 및
제어 시스템, 에너지 절약
시스템 등

네트워크 분야
IoT 환경을 구현하는
클라우드 구축 지원과
데이터센터 설비 등

가전 분야
건강하고 풍요로운 생활을
가능하게 하는 가전제품과
헬스케어 기기 등

자동차 분야
IoT 기술이 적용된
무배출 자동차, 관련 제품,
기기 등

사무용 기기 분야
사무실에 없어서는 안 될
컴퓨터, 프린터,
프로젝터 등

디지털화와 탈탄소화가 활발해질 것으로 보이는 만큼, 산업계는 대세에 올라타려면 안정적인 반도체 공급망을 확보해야 한다.

미국에서는 인텔이 설비에 거금을 투자해 반도체 생산을 늘렸으며, 다른 회사에서 설계한 반도체를 위탁 생산하는 파운드리foundry로 잘 알려진 대만의 TSMC도 생산량을 늘린다고 밝혔다. 일본 역시 반도체 소재 기업을 비롯해 하나둘 설비 투자와 증산을 발표했다. 꾸준히 증가하는 반도체 수요를 어떻게 충족할지는 국가로서도 기업으로서도 중요한 문제가 될 것이다.

정리

- 전동화는 탈탄소화에서 빼놓을 수 없으며, 그 과정에서 반도체 수요가 증가한다.
- 인텔, TSMC 등 세계 유수의 기업이 반도체 생산 증대를 발표했다.

038

IT 업계가 전력 수요 증가에 대응하는 법

꾸준히 늘어나는 소비 전력을 재생에너지 전기로 충당

디지털화는 정보통신업이나 제조업뿐만 아니라 모든 산업의 기반을 갈아엎다시피 했다. 디지털화가 진행되면서 데이터 통신량은 해마다 늘고 있으며 최근 3년간 약 200%나 증가했다. 한편 데이터 통신량의 증가는 곧 전력 소비량의 증가로 이어진다(130쪽 참고). 데이터센터가 대표적이다.

데이터센터는 CPU, 메모리, HDD와 같은 IT 기기부터 IT 기기에서 발생하는 열을 식히는 공조 시스템까지 매우 많은 양의 전력을 사용한다. 오죽하면 일본 내 데이터센터에서 소비하는 전력량이 일본 총 전력의 1~2%를 차지할 정도다. 앞으로 AI나 빅데이터 활용이 궤도에 오르고 5G 시대가 다가올수록 데이터 통신량의 증가세는 한층 더 뚜렷해질 것이다. 이러한 상황에서 세계 각국은 어떻게 해야 환경을 고려하는 동시에 급증하는 전력 수요를 충족할 수 있을지 고민에 빠졌다.

일본 초고속 인터넷 계약자의 데이터 통신량 추이

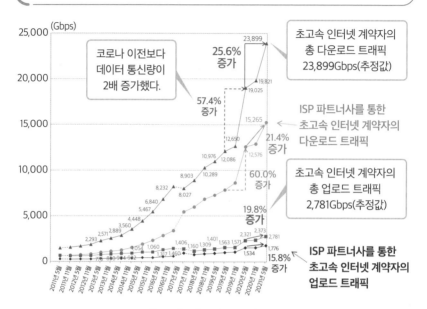

참고: 일본 총무성, 「일본의 인터넷 트래픽 집계 결과(2021년 5월)」
(https://www.soumu.go.jp/main_content/000761096.pdf)

아마존이 재생에너지 전력을 확보하는 방법

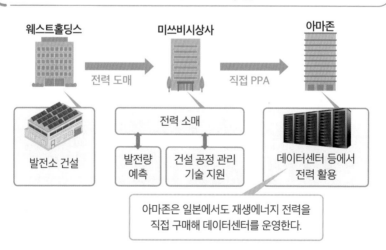

이에 따라 해외에서는 GAFAM을 중심으로 재생에너지 전력을 이용해 데이터센터를 운영하는 움직임이 활발해지고 있다. 특히 해외 IT 업계에서는 발전사업자에게서 전기를 직접 구매하는 PPA(44쪽 참고)를 통해 재생에너지 비중을 높이는 전략이 트렌드로 자리 잡고 있다.

일본도 예외는 아니다. 아마존은 미쓰비시상사와 손을 잡고 PPA를 통해 일본 내 450개소 이상의 태양광발전소로부터 재생에너지를 공급받는다고 발표했다. 이러한 뉴스는 앞으로도 우리 귀에 자주 들어올 것이다.

 정리

- 데이터 통신량이 늘어남에 따라 전력 수요도 꾸준히 확대될 전망이다.
- GAFAM을 중심으로 소비 전력을 재생에너지로 바꾸는 움직임이 일어나고 있다.

039

탄소중립으로 향하는 조선·항공업

연료전지선박 효율화나 연료 전환 등으로 이산화탄소 배출량 감축

탈탄소화는 기본적으로 각 국가가 자국의 목표를 세우고 그 목표에 따라 이산화탄소 배출량을 줄이는 추세이지만, 국제 해운과 국제 항공은 국가별 대책만으로는 역부족인 부문이다. 두 부문은 전 세계 이산화탄소 배출량의 약 2%를 차지하며, 양으로 따지면 일본의 이산화탄소 총 배출량을 웃도는 수준이므로 대응이 시급하다. 이에 따라 해운업에서는 탈탄소 사회로 향하는 이행기의 대책으로 LNG(액화천연가스)연료선의 효율 향상 등을 검토 중이며, 일본에서도 니혼유센日本郵船이나 쇼센미쓰이商船三井와 같은 기업이 계획을 발표했다. 수소나 암모니아처럼 이산화탄소를 배출하지 않는 연료로 전환하기 위한 연구 개발도 진행되고 있지만, 실용화에 이르려면 시간이 더 필요할 것으로 보인다.

한편 항공 부문에서는 식물성 원료로 만든 지속가능한 항공연료SAF, Sustainable Aviation Fuel를 활용해 이산화탄소 배출량을 줄이는 방법을 모색

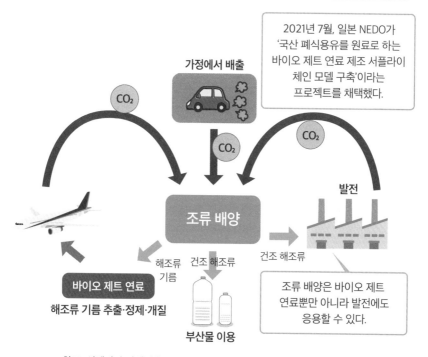

연료로 활용되는 조류(藻類)

2021년 7월, 일본 NEDO가 '국산 폐식용유를 원료로 하는 바이오 제트 연료 제조 서플라이 체인 모델 구축'이라는 프로젝트를 채택했다.

가정에서 배출

CO_2

CO_2

CO_2

발전

조류 배양

바이오 제트 연료

해조류 기름 추출·정제·개질

해조류 기름

건조 해조류

부산물 이용

건조 해조류

조류 배양은 바이오 제트 연료뿐만 아니라 발전에도 응용할 수 있다.

참고: 신에너지·산업기술종합개발기구(NEDO), 「바이오 제트 연료 생산 기술 개발 사업」
(https://www.nedo.go.jp/activities/ZZJP_100127.html)

하고 있다. 연두벌레Euglena나 식물성 폐식용유(식용유)를 연료로 활용해 탄소중립을 실현하는 방법이다. 유럽을 중심으로 연구가 이루어지고 있는데, 핀란드의 에너지 기업 네스테Neste는 이미 SAF 상용화에 나섰으며 SAF를 이용한 비행 횟수가 전 세계적으로 25만 회에 이르는 등 SAF의 활용은 점차 확대되고 있다.

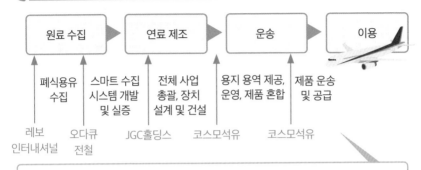

SAF로 탈탄소화에 나서는 항공업계

원료 수집 → 연료 제조 → 운송 → 이용

| 폐식용유 수집 | 스마트 수집 시스템 개발 및 실증 | 전체 사업 총괄, 장치 설계 및 건설 | 용지 용역 제공, 운영, 제품 혼합 | 제품 운송 및 공급 |

레보 인터내셔널 / 오다큐 전철 / JGC홀딩스 / 코스모석유 / 코스모석유

앞으로 SAF 활용이 늘어나면 탈탄소화에 긍정적인 영향을 미칠 것으로 기대되며,
일본 양대 항공사는 SAF를 활용해 2050년까지 탄소중립을 실현한다는 목표를 세웠다.

일본에서는 바이오 스타트업 유글레나가 2021년 6월에 연두벌레로 만든 SAF를 실용화했다. 유글레나는 2025년부터 2억 5천만 리터를 양산할 계획이라고 발표하며 해외 기업에 뒤처지지 않겠다는 의지를 내보였다. 일본항공, 전일본공수ANA와 같은 항공 회사 역시 SAF 이용을 늘릴 예정이므로 항공업계에서 SAF가 대세로 자리 잡을 날도 멀지 않아 보인다.

정리

- 해운업은 연료전지선박 효율화, 수소 활용 등으로 이산화탄소 배출량을 줄인다.
- 항공업에서는 유럽, 일본을 중심으로 SAF 활용이 늘고 있다.

040

탈탄소화 대응에 나선 물류·토목·인프라 분야

이미 시작된 택배 트럭과 건설기기의 전동화

물류, 토목, 인프라 분야에서도 탄소중립을 향한 움직임을 보이기 시작했다. 물류 분야에서는 야마토운수가 2020년 1월부터 일본 최초로 택배용 전기 트럭을 도입했으며, 2030년까지 전체 소형 배송차의 절반에 해당하는 약 5,000대를 전동화할 것이라고 밝혔다. 일본우정日本郵政도 2025년까지 전체 우편물 배달차의 30%에 해당하는 약 3만 3,000대를 전기차로 바꾼다는 방침이다. 이 외에도 우체국에 설치된 전기차 충전설비를 지역 주민에게 개방하는 등 지역밀착형 탈탄소화 대책을 내놓았다.

토목 분야에서는 건설기계의 전동화가 두드러진다. 코마츠는 일본에서 미니 전기 굴착기를 판매하기 시작했고, 히타치건설기계도 8톤급의 전기 굴착기를 유럽에 수출하면서 중장기적인 전동화 흐름에 대비하기 위한 시동을 걸었다. 한편 토목, 건설 등 전체 공사를 통틀어 이산화탄소 배출량의 30% 이상이 시멘트와 콘크리트 제조 공정에서 배출

운송 부문의 지구온난화 대책과 주요 활동

주요 대책	이산화탄소 저감량 (만 톤 CO₂) 2013년 대비		구체적인 내용
	2017년 실적	2030년 목표	
차세대 자동차 보급과 연비 개선	343.0	2,379	• 차세대 자동차(버스, 트럭, 택시 등 상용차 중심) 도입 지원, 친환경 차에 대한 세금 감면 등 • 획기적인 연비 향상, 배출가스 기준 책정
공공교통기관의 이용 촉진	55.9	177	• 차세대 노면전차 시스템, 교통 결절점 정비 지원 • 배리어프리 차량에 대한 세금 우대, 철도역의 배리어프리화, 저상버스 도입 지원
물류의 효율화 • 트럭 운송의 효율화 • 공동 배송 추진	263.9	208.1	• 에너지절약법(에너지 사용의 합리화 등에 관한 법률)에 근거한 운송사업자의 에너지 절약 활동 추진, 일정 규모 이상의 운송사업자에 대한 에너지 절약 계획 수립과 정기 보고 등의 의무화 • AI, IoT 등을 활용한 운송 효율 향상 • 더블 트레일러 트럭 도입 지원, 풀 트레일러 차량에 대한 길이 규제 완화 • 물류 종합 효율화법을 개정함으로써 운송망 집약 등의 활동 지원
모달 시프트 (교통 체계 전환) 추진 • 해운업의 모달 시프트 • 철도 화물 운송의 모달 시프트	64.6	305.8	• 선박 건조 공유 제도로 선박 건조 지원, 에코십(Eco-Ship) 인정 제도를 이용한 선도 등 • 물류 종합 효율화법을 개정함으로써 모달 시프트에 관한 종합 효율화 계획의 인정 대상 확대, 계획 수립과 운영에 필요한 경비 지원

참고: 일본 국토교통성, 「국토교통성의 지구온난화 완화책 시행 개요」
(https://www.mlit.go.jp/common/001386820.pdf)

물류 분야에서 일어나는 전동화

소형 전기차

전기 오토바이

일본우정은 도쿄를 중심으로 한 우편물 및 택배 단거리 배송에 소형 전기차와 전기 오토바이를 도입했다. 주행 시 소음이 적고 이산화탄소를 배출하지 않는다는 특징이 있다.

사진 출처: 일본우정(https://www.japanpost.jp/csr/environment/logistics.html)

되는데, 다이세이건설大成建設과 카지마건설鹿島建設이 개발한 탄소 재활용 콘크리트(142쪽 참고)처럼 내부에 이산화탄소를 고정화하는 기술이 해법을 제시할 것으로 보인다.

인프라 분야에서는 가로등을 LED 조명으로 교체하거나 도로에 전원용 태양광발전 설비를 설치하는 등의 노력이 이루어지고 있다. 일본이 주력하는 해상풍력발전(95쪽 참고), 지열발전(101쪽 참고) 등의 대형 인프라 사업에서는 일본 종합 건설사들이 속속 진입 의사를 내보이고 있다. 토목 및 인프라 분야의 탈탄소화는 이들을 중심으로 본격화될 것이다.

정리

- 물류 분야에서는 택배 전용 전기차를 도입하고 전기차 전환 목표를 설정했다.
- 토목 분야에서는 건설기계의 전동화와 이산화탄소 고정화 기술 개발이 진행되고 있다.

041

일본의 경쟁력을 높이는
탄소 재활용 관련 산업

포집한 이산화탄소로 다른 제품을 만드는 기술

이산화탄소 배출량을 줄이는 것뿐만 아니라 대기 중의 이산화탄소를 없애는 것도 탄소중립에 해당한다. 이에 따라 대기 중의 이산화탄소를 포집하는 기술과 포집한 이산화탄소를 다른 물질로 바꾼 다음 그 물질로 제품을 만드는 기술에 관한 연구가 이루어지고 있다. 탄소Carbon를 포집Capture해서 활용Utilization한다는 점에서 각 과정의 머리글자를 따 CCU라고 일컫는다. CCU는 '탄소가 순환한다'는 사실에 착안해 탄소 재활용이라고도 한다. 한편 포집한 이산화탄소를 땅속에 묻는 저장Storage 기술인 CCS 개발도 진행되고 있다. CCU와 CCS를 합쳐서 CCUS라고도 부른다.

    탄소 재활용과 관련해서는 포집한 이산화탄소를 다른 화합물로 바꾼 다음 그 화합물을 폴리카보네이트, 우레탄, 올레핀과 같은 화학품으로 가공하거나 항공기 연료로 쓰이는 SAF(136쪽 참고)를 만드는 등 다양한 활용법을 모색하고 있다. 이산화탄소와 수소를 이용해 메테인을 만드는 메테인화methanation도 그중 하나다. 메테인은 도시가스의 주성

CCUS가 이루어지는 과정

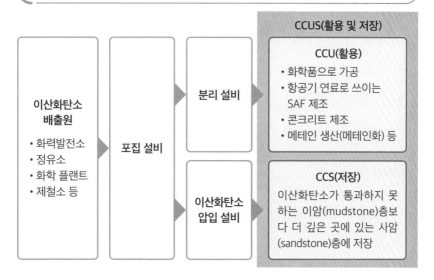

세계 에너지 관련 이산화탄소 배출량 저감에 대한 기여도

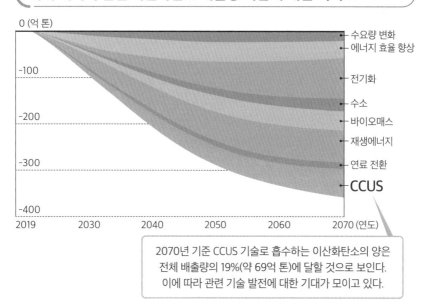

참고: 국제에너지기구(IEA), 「Energy Technology Perspectives 2020」

분이므로, 메테인화 기술의 발전으로 메테인의 제조 비용이 낮아진다면 탈탄소 사회에서도 기존의 가스 인프라를 활용할 수 있다. 물론 탄소 재활용 역시 풀어야 할 과제가 있다. 메테인화처럼 생성물의 이용 가치가 높은 것도 좋지만 생성물 자체의 비용 경쟁력을 높여야 한다는 것이다. 남은 과제를 모두 해결하고 나면 기존의 사회 모델을 유지하면서도 탄소중립에 한층 가까워질 수 있을 것이다.

정리

- 탄소의 순환 구조를 이용하는 탄소 재활용.
- 항공 및 가스 산업을 중심으로 이산화탄소 연료화 기술을 개발 중이다.

미니카처럼 전기차 배터리를
갈아 끼울 수 있다면?

전기차는 이차전지와 모터가 중심을 이룬다는 점에서 알기 쉽게 설명할 때 미니카에 빗대어지기도 한다. 미니카는 모터를 비롯한 부품들을 조립한 다음 AA 건전지를 연결하면 완성되는 장난감 자동차인데, 갑자기 멈추더라도 건전지만 바꿔 주면 된다. 다시 전기차 이야기로 돌아가 보면 전기차의 가장 큰 과제는 '충전 시간'이다. 그렇다면 미니카처럼 배터리 자체를 교체할 수는 없을까? 사실 배터리를 교체한다는 아이디어는 이미 실현되었다.

세계에서 가장 큰 전기차 시장인 중국에서는 '중국의 테슬라'라고도 불리는 신흥 전기차 기업 니오(NIO)가 500번째 배터리 교환소 오픈을 발표해 화제를 모았다. 뒤이어 중국 전기차 기업인 올턴(Aulton)과 지리(Geely)도 배터리 교환소 설치에 나선다고 밝혔다. 세 기업만 놓고 보더라도 2025년까지 1만 9,000여 개소의 배터리 교환소가 설치될 예정이다. 한편 대만에서는 배터리 교환식 전기 스쿠터 도입이 늘어나고 있다. 그 중심에는 대만의 전기 스쿠터 기업인 고고로(Gogoro)가 있다. 고고로는 편의점처럼 어디서나 흔히 볼 수 있는 장소에 배터리 교환소를 설치해 다 쓴 배터리를 교체해 주는 서비스를 시작했다. 배터리 교환소에는 여러 개의 배터리가 비치되어 있는데, 다 쓴 배터리를 빈 슬롯에 집어넣으면 충전된 배터리가 나오는 식이다. 따라서 이용자는 몇 분 만에 배터리를 교환할 수 있다.

일본의 혼다(HONDA) 역시 배터리 교환소에 관심을 보이며 범용성을 높이기 위한 연구를 진행하고 있다. 어쩌면 다가오는 탈탄소 사회에서는 배터리 교환식 전기차가 대세가 될지 모른다.

part

일상 속에서도 중요한
탈탄소화

탄소중립이
가져온
생활의 변화

042

일상에서 볼 수 있는 탄소중립의 혜택

알게 모르게 일상 속에 스며드는 탈탄소화

탄소중립은 파리협정에 기반한 정치적인 관점, ESG(35쪽 참고)를 비롯한 금융 및 투자 관점, 그리고 이들의 영향을 받는 비즈니스 관점 등 다양한 시각으로 볼 수 있다. 하지만 일상을 살아가는 평범한 사람들에게는 다소 거리감이 느껴지는 주제다. 수소를 이용한 탈탄소화는 수소충전소나 연료전지발전소의 울타리를 넘지 못했고, 재생에너지 비중이 확대되는 추세라고는 해도 우리 눈에 보이는 것은 지붕 위 태양광 패널이 고작이다. 자동차 역시 아직은 전기차 판매량이 내연기관차에 미치지 못하므로 일상 속에서 탈탄소화를 체감하기는 어렵다.

하지만 알고 보면 탈탄소화의 발자취는 우리 주변에 널리다시피 했다. 매일 사용하는 전기만 보더라도 해마다 증가하여 재생에너지 비중이 어느덧 20%에 이르렀다. 배터리 분야 역시 경쟁에 불이 붙기 시작했다. 배터리는 컴퓨터나 스마트폰에서도 빼놓을 수 없는 부품인데, 기

일상으로 번지는 탄소중립 활동

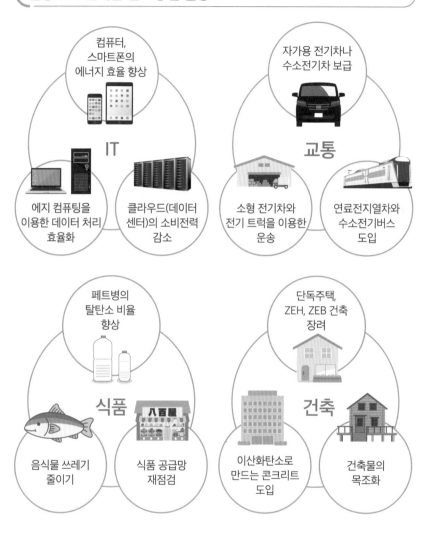

컴퓨터,
스마트폰의
에너지 효율 향상

IT

에지 컴퓨팅을
이용한 데이터 처리
효율화

클라우드(데이터
센터)의 소비전력
감소

자가용 전기차나
수소전기차 보급

교통

소형 전기차와
전기 트럭을 이용한
운송

연료전지열차와
수소전기버스
도입

페트병의
탈탄소 비율
향상

식품

음식물 쓰레기
줄이기

식품 공급망
재점검

단독주택,
ZEH, ZEB 건축
장려

건축

이산화탄소로
만드는 콘크리트
도입

건축물의
목조화

탈탄소화를 위한 노력은 우리 주변에서도 손쉽게 찾아볼 수 있다.
2050년까지 탄소중립을 실현하려면 다양한 분야에서의 노력이 필요하다.

술 개발이 활발해지면서 전자 제품의 배터리 사용 시간도 길어졌다. 이처럼 우리는 알게 모르게 탈탄소화의 혜택을 누리고 있다.

식음료 기업에서는 플라스틱 용기 대신 재생 플라스틱이나 식물성 소재로 만든 용기를 사용하는 움직임이 이어지면서 **페트병의 탈탄소 비율도 높아지는 추세다**. 건축 분야에서는 이산화탄소를 배출하지 않는 동시에 에너지를 자급자족하는 건물인 ZEHZero-Energy Home, ZEBZero-Energy Building이 늘고 있는데 이러한 흐름도 탈탄소화에 박차를 가하고 있다.

앞으로는 국가와 기업이 탄소중립 대책을 추진하는 한편, 일상 속 탈탄소화도 꾸준히 증가할 것이다.

정리

- 재생에너지 이용률과 페트병의 탈탄소 비율이 늘고 있다.
- 배터리 기술이 발달하면서 스마트폰과 같은 전자 제품의 성능이 향상되었다.

043 🍃

탄소중립으로 인한
고용 변화

탈탄소화로 인해 일자리가 사라지는 산업

탄소중립을 실현하기 위해서는 사회가 바뀌어야 하는데, 그 변화 과정에는 기회도 있지만 위기도 있다. 예를 들어 석탄화력발전과 같은 탄소 관련 자산을 갖고 있을 경우, 자산의 가치가 낮아지면서 큰 손해를 볼 수 있다.

이에 글로벌 사회는 탈탄소 사회로 이행하는 과정에서 생길 수 있는 리스크에 대비하고자 '정의로운 전환 Just Transition'에 관해 논의 중이다. 리스크에는 설비 폐기나 이익 감소와 같은 경제적인 것도 있지만, 화석연료산업처럼 특정 업종과 직종에 대한 수요가 줄어들면서 일자리가 사라지기도 한다. 예를 들어 차량의 전동화에 따라 전기차 비중이 늘어나면 내연기관차 개발과 제조에 관한 일자리는 줄어들 수밖에 없다. 실제로 일본에서는 혼다가 전기차 시대를 맞이하기 위한 세대교체에 나서면서 희망퇴직자를 받자 2,000명 이상이 퇴직을 신청했다. 혼다의 사례에서는 퇴직 과정에서 기업이 적절한 조처를 내렸지만 모든 기업

차량의 전동화에 따른 부품 수요의 변화

엔진 부품	배터리
연료 분사 장치, 에어클리너 등 7,000여 점	구동용 모터에 전력을 공급

구동 부품	구동용 모터
클러치, 변속기 등 수천 점	엔진 대신 타이어를 구동

전장품	충전기
점화 플러그 등 수천 점	외부 전원으로 배터리를 충전

전 세계 재생에너지 분야의 기술별 일자리 수(2012~2020년)

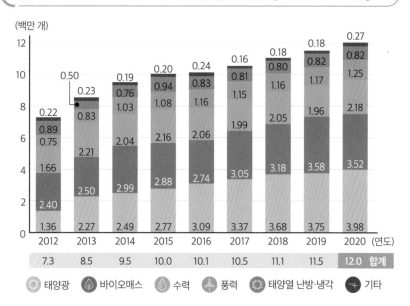

(백만 개)

	2012	2013	2014	2015	2016	2017	2018	2019	2020
기타	0.22	0.50	0.19	0.20	0.24	0.16	0.18	0.18	0.27
	0.89	0.23	0.76	0.94	0.83	0.81	0.80	0.82	0.82
	0.75	0.83	1.03	1.08	1.16	1.15	1.16	1.17	1.25
	1.66	2.21	2.04	2.16	2.06	1.99	2.05	1.96	2.18
	2.40	2.50	2.99	2.88	2.74	3.05	3.18	3.58	3.52
	1.36	2.27	2.49	2.77	3.09	3.37	3.68	3.75	3.98
합계	7.3	8.5	9.5	10.0	10.1	10.5	11.1	11.5	12.0

(연도)

☀ 태양광　◈ 바이오매스　◉ 수력　✦ 풍력　☼ 태양열 난방·냉각　⊕ 기타

참고: IRENA(The International Renewable Energy Agency), 「Renewable Energy and Jobs-Annual Review 2021」

이 혼다처럼 대응할 수 있는 것은 아니다.

기후변화의 관점에서 탈탄소화는 무척이나 중요하지만, 일자리가 사라지는데도 대책을 세우지 않고 본체만체하는 것은 SDGs에서 강조하는 'Leave no one behind(누구도 소외되지 않는 것)'이라는 정신에 어긋나므로 지속가능한 발전이라고 볼 수 없다. 고용 문제 등 탈탄소화로 인한 위기를 최소한으로 줄이고 끊임없이 튀어나오는 과제를 해결하면서 지속가능한 사회를 실현하는 정의로운 전환은 앞으로 우리 사회가 맞닥뜨릴 논제라고 할 수 있다.

정리

- 전기차의 수요가 커질수록 내연기관차와 관련된 일자리는 줄어든다.
- 지속가능한 사회로 향하는 정의로운 전환을 추구해야 한다.

044

앞으로 전기요금은
비싸질까? 저렴해질까?

재생에너지가 자리 잡는 시점부터 전기요금은 저렴해질 것

탄소중립을 실현하기 위해 각국 정부는 재생에너지 비중을 높인다고
밝혔는데, 소비자로서는 정부의 방침이 전기요금에 미치는 영향에 대해
신경 쓰이기 마련이다. 전 세계적으로 재생에너지 비용은 저렴해지는
추세이며, 일본 정부의 발표에 따르면 2030년 시점에는 모든 발전 방
식을 통틀어 태양광발전의 비용이 가장 저렴해질 전망이다. 다만 발전
비용이 낮아진다고 해서 꼭 전기요금이 저렴해지는 것은 아니다.

그 첫 번째 이유는 재생에너지의 불안정성에 있다. 재생에너지는
외부 요인의 영향을 많이 받으므로 별도의 비용을 들여 불안정한 출력을
조정해야 한다. 태양광발전도 지금이야 발전 비용이 많이 낮아졌지만,
도입 초기만 해도 재생에너지 부과금이라는 이름으로 국민이 발전 비용을 부
담(우리나라는 전기요금 일부를 전력기금으로 걷어 재생에너지 분야
에 투자한다—옮긴이)해야 했고 이는 전기요금 상승에 어느 정도 일
조했다. 앞으로 일본 정부는 해상풍력발전 도입에 심혈을 기울일 예정

재생에너지 발전 비용(2010년과 2020년의 비교)

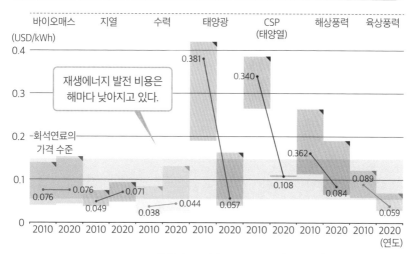

바이오매스　지열　수력　태양광　CSP(태양열)　해상풍력　육상풍력

(USD/kWh)

재생에너지 발전 비용은 해마다 낮아지고 있다.

화석연료의 가격 수준

0.381
0.340
0.362
0.108
0.089
0.076
0.076
0.049
0.071
0.038
0.044
0.057
0.084
0.059

2010 2020 2010 2020 2010 2020 2010 2020 2010 2020 2010 2020 2010 2020
(연도)

참고: IRENA(The International Renewable Energy Agency),
「Renewable Power Generation Costs in 2020」

재생에너지 부과금의 구조

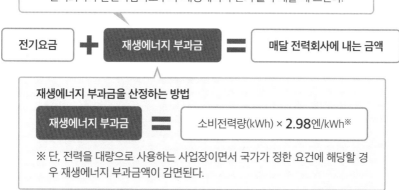

재생에너지 보급 확대를 위해 소비자가 부담하는 비용. 전기요금에 포함되며 전력회사가 발전사업자로부터 '재생에너지 전기'를 구매할 때 쓰인다.

전기요금 **+** 재생에너지 부과금 **=** 매달 전력회사에 내는 금액

재생에너지 부과금을 산정하는 방법

재생에너지 부과금 **=** 소비전력량(kWh) × **2.98엔/kWh**※

※ 단, 전력을 대량으로 사용하는 사업장이면서 국가가 정한 요건에 해당할 경우 재생에너지 부과금액이 감면된다.

참고: 에너지시프트, 「재생에너지 보급을 돕는 '재생에너지 부과금'이란」(2021년 3월 3일)
(https://energy-shift.com/navi/69ee9695-374a-4313-b928-dbf3acfd6595)

인데, 이때 들어가는 비용도 전기요금에 반영될 것이다.

다만 일본은 아직 총 전력의 70% 이상을 화력발전으로 충당하고 있으므로 지금 이 시점에서 전기요금을 좌우하는 것은 화력발전의 비용이다. 화력발전에 쓰이는 화석연료는 매장량이 한정되어 있으므로 시간이 지날수록 가격이 오르기 마련이다. 세계가 뜻을 모아 탈탄소 사회로 향하는 와중에 화석연료의 가격은 어떤 방향으로 나아갈지 이목이 집중되고 있다.

다가오는 탈탄소 사회에서는 재생에너지가 주력 전원으로 자리 잡는다. 따라서 앞으로 전기요금에는 재생에너지의 비용이 반영될 것이다. 태양광발전과 해상풍력발전의 비용이 모두 낮아질 전망이므로 장기적인 관점에서 봤을 때 탈탄소화는 전기요금 인하에 이바지할 것으로 보인다.

정리

- 당분간은 재생에너지 도입 비용이 전기요금에 덧붙는다.
- 현재 시점에서는 화력발전의 비용이 전기요금을 좌우한다.

045

가정에서 탈탄소화에 기여하는 법

가정에서도 얼마든지 실천할 수 있는 '전력의 탈탄소화'

기후변화 대책이라고 하면 '국가나 기업이 할 일'이라는 생각이 들지도 모르지만, 사실 가정에서도 15%에 이르는 이산화탄소가 배출되는 만큼(63쪽 참고) 가정과 개인의 역할도 중요하다. 일본 환경성에서 발표한 자료에 따르면 가정에서의 이산화탄소 배출량 절반이 전력 사용 과정에서 나온다고 한다. 따라서 각 가정에서 시작할 수 있는, 쉬우면서도 효과적인 기후변화 대책은 '전력의 탈탄소화'다.

단독주택에 살고 있다면 지붕에 태양광 패널을 설치할 수도 있지만, 방법은 그뿐만이 아니다. 재생에너지 전기 요금제를 지원하는 환경이라면 요금제만 바꿔도 전력으로 인한 이산화탄소 배출량을 큰 폭으로 줄일 수 있다.

탈탄소화의 진전과 함께 일본에서는 다양한 재생에너지 전기 요금제가 출시되었다. 또한 전력 자유화가 시행되면서 가스업계와 정유업계 등 수많은 기업이 전력 시장에 뛰어들고 있는데, 이들은 경쟁에서

가정에서의 이산화탄소 배출량(2019년)

연료 종류별

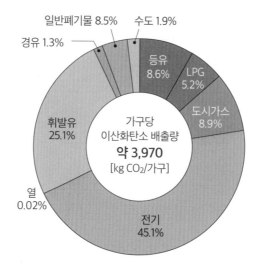

일반폐기물 8.5% 수도 1.9%
경유 1.3%
등유 8.6%
LPG 5.2%
도시가스 8.9%
휘발유 25.1%
열 0.02%
전기 45.1%

가구당
이산화탄소 배출량
약 3,970
[kg CO$_2$/가구]

※ 이산화탄소 배출량은 가정 부문, 운송(여객) 부문 중 자가용(가계기여분), 업무 부문 중 폐기물(일반폐기물) 처리, 수도로 인한 배출량을 모두 더한 것이다.

※ 전기와 열은 전력회사 등을 통해 구입한 것을 가리키며, 자가발전은 포함하지 않는다.

※ 일반폐기물은 바이오매스를 제외한 폐기물(플라스틱 등)을 소각하는 과정에서 나오는 이산화탄소 및 폐기물 처리 시설에서 배출되는 에너지 관련 이산화탄소 중 생활 쓰레기로 인한 분량을 추산한 것이다.

※ 수도는 수처리시설에서 사용하는 에너지 관련 이산화탄소 중 가계기여분을 추산한 것이다.

참고: 일본 환경성, 「일본의 온실가스 배출량 데이터」

살아남기 위해 가격 경쟁력이 높은 재생에너지 전기 요금제를 내놓고 있다. 신생 전력회사와 계약하면 정전과 같은 문제는 없을지 걱정될지도 모른다. 하지만 전력 소매와 송배전은 분리되어 있으며, **송전과 배전은 각 지역의 송배전 사업자가 책임지므로**(우리나라는 한전에서 송배전까지 맡고 있다—옮긴이) 정전에 대한 걱정을 할 필요가 없다. 신생 전력회사들은 각자의 콘셉트와 비전을 홍보하며 전력 브랜딩에 힘쓰고

탈탄소 활동을 증명하는 일본의 제도

그린 전력 증서	재생에너지 전기에서 '전기 자체의 가치'를 분리한 다음 '환경에 미치는 가치'를 증서로 만들어 발행하는 제도. 인증발행사업자로부터 발급받은 증서는 기업이나 제품 홍보 등에 활용할 수 있다.
J-크레디트	온실가스 저감량이나 흡수량을 '크레디트' 형태로 국가가 인증 및 발행하는 제도. 이산화탄소 배출량이 많은 사업자에게 크레디트를 판매해 자금을 확보할 수 있다.
비화석증서	재생에너지나 원자력처럼 비화석 에너지로 생산한 전력 중 '비화석 가치'를 증서로 만들어 발행하는 제도. 국가가 지정한 인정기관에서 발급받을 수 있으며 전력회사에 따라 거래도 가능하다.

있다. 기업의 철학이나 탈탄소화를 위한 노력 등을 비교한 다음, 요금제를 고르는 것도 좋은 방법이다.

 정리

- 이산화탄소 배출량의 15%를 차지하는 만큼 각 가정에서의 노력도 중요하다.
- 전력 자유화에 따라 일본에서는 다양한 재생에너지 전기 요금제가 출시되었다.

탄소중립이 화석연료
분야에 미치는 영향

탈탄소화를 위해 휘발유 가격을 높게 책정할 전망

휘발유는 유류세를 비롯한 세금의 영향으로 소비자 단계에서 가격이 껑충 뛰어오르고 있다. 지난 2021년 10월 일본의 휘발유 가격은 7년 만에 최고치를 기록했으며 앞으로도 꾸준히 오를 전망이다(이후 2022년 3월 다시 한번 최고치를 경신했다―옮긴이). 가격이 상승하는 원인은 화석연료를 둘러싼 세계 연료 시장 동향에서 찾을 수 있다.

전 세계가 탈탄소 사회로 향하면서 OPEC(석유수출국기구)를 포함한 산유국은 난처한 상황에 놓이게 되었다. 차량의 전동화와 재생에너지 보급이 진행될수록 석유의 수요는 줄어들기 때문이다. IEA(국제에너지기구)도 장기적인 관점에서 화석연료 분야는 돈이 되지 않는다고 지적했다.

2021년 코로나로 인한 먹구름이 걷히고 에너지 수요가 폭발적으로 증가하면서 유럽과 중국을 비롯한 세계 각지에서 에너지 위기에 가까운 상황이 벌어졌다. 특히 공급이 부족한 천연가스의 가격이 폭등했다. 천연

보통 휘발유 가격 추이

2020년 11월~2021년 10월 가격 추이

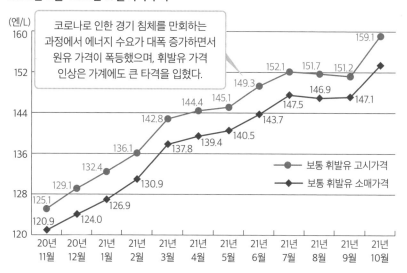

코로나로 인한 경기 침체를 만회하는 과정에서 에너지 수요가 대폭 증가하면서 원유 가격이 폭등했으며, 휘발유 가격 인상은 가계에도 큰 타격을 입혔다.

- 보통 휘발유 고시가격
- 보통 휘발유 소매가격

참고: e연비, 「최근 1년간 보통 휘발유 가격」 (https://e-nenpi.com/gs/price_graph/2/1/0)

주유소의 혁신 사례

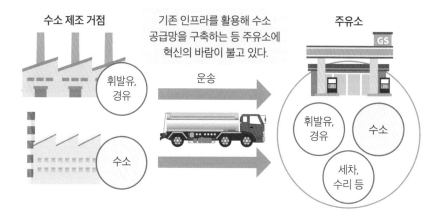

기존 인프라를 활용해 수소 공급망을 구축하는 등 주유소에 혁신의 바람이 불고 있다.

가스 가격이 오르자 대체 수단으로서 원유의 수요가 증가했으며 OPEC는 원유 가격 인상이라는 카드를 꺼내 들었다. 현재진행형인 휘발유 가격 인상에는 이러한 배경이 숨어 있다. 물론 이 외에도 여러 요인이 복잡하게 얽혀 있지만, 다가오는 탈탄소 사회를 고려해 생산자 측에서 원유 가격을 높게 책정하는 일은 앞으로도 자주 나타날 것이다. 한편 판매자 측도 살아남기 위한 전략을 세우는 것이 급선무다. 주유소에 전기차 충전기를 추가하거나 에네오스처럼 사업 범위를 넓혀 수소충전소 확충에 뛰어드는 움직임이 대표적이다. 주변에서 흔히 볼 수 있는 주유소가 새롭게 태어날 날도 얼마 남지 않았다.

 정리

- 탈탄소 사회가 다가올수록 OPEC를 비롯한 산유국은 난처해진다.
- 주유소를 비롯한 판매자 측도 변화의 필요성을 느끼기 시작했다.

047

탈탄소화와 재난 대비 모두 잡는 태양광 패널

일반 전기보다 저렴한 발전 비용

앞서 이야기한 재생에너지 전기 요금제 말고도 가정에서 실천 가능한 기후변화 대책이 있다. 바로 지붕에 태양광 패널을 설치하는 것이다. 태양광 패널의 가격이 낮아지면서 태양광발전에 드는 비용도 낮아지는 추세다. 물론 주택의 방향이나 지역의 기후 등 입지 조건에 따라 다르기는 하나, 어느 정도 햇볕이 드는 곳이라면 1kWh당 발전 비용은 20엔을 밑도는 수준이다. 일반 가정의 전기요금이 1kWh당 평균 20엔 이상이므로 경제적으로도 매력적인 조건이다.

지금까지는 태양광발전으로 생산한 전기를 다 쓰지 못하면 저렴한 가격으로 되팔아야만 했다. 하지만 전기차가 대중화되고 가정용 이차전지 보급이 활발해지는 탈탄소 사회에서는 전기를 '저장'하는 것이 가능하다. 태양광 패널과 함께 전기차를 충전하거나 저장된 전기를 끌어오는 V2H(123쪽 참고)를 설치하면 전기차를 배터리처럼 활용할 수도 있다. 또한 가정용 배터리나 파워 컨디셔너를 조합한 다음 HEMSHome

주택용 태양광발전 시스템 비용 평균값 추이

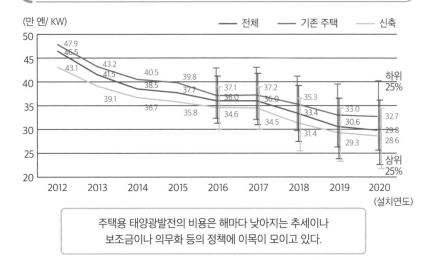

(만 엔/ KW)

—— 전체　　—— 기존 주택　　—— 신축

설치연도	전체	기존 주택	신축
2012	46.5	47.9	43.1
2013	41.5	43.2	39.1
2014	38.5	40.5	36.7
2015	37.7	39.8	35.8
2016	36.0	37.1	34.6
2017	36.0	37.2	34.5
2018	33.4	35.3	31.4
2019	30.6	33.0	29.3
2020	29.8	32.7	28.6

하위 25%

상위 25%

(설치연도)

> 주택용 태양광발전의 비용은 해마다 낮아지는 추세이나
> 보조금이나 의무화 등의 정책에 이목이 모이고 있다.

참고 : 일본 경제산업성, 「2021년도 조달가격 등에 관한 의견」(2021년 1월 27일)
(https://www.meti.go.jp/shingikai/santeii/pdf/20210127_1.pdf)

지붕 설치형 태양광 패널의 장점

태양광 패널의 비용이 낮아지면서 1kWh당 발전 비용은 20엔 언저리	전기차나 가정용 배터리와 조합해 남은 전기를 저장할 수 있다.
전력 관리 시스템(HEMS)을 활용하면 발전한 전기를 최대한 활용할 수 있다.	전기차나 가정용 배터리에 저장한 전기를 재해 발생 시에도 활용할 수 있다.

전기를 자급자족할 수 있으므로
전기요금이나 휘발유 가격 인상의
영향을 받지 않는다.

Energy Management System로 총괄하면 태양광발전으로 만든 전기를 남김없이 사용할 수 있다. 이러한 시스템은 한번 구축하고 나면 전력회사에 기대지 않고도 전기를 자급자족할 수 있으므로 재난 대비 면에서도 도움이 된다. 전기차 역시 휘발유 가격이 치솟더라도 집에서 발전한 전기를 충전하면 되기 때문에 차량 유지비를 일정하게 유지할 수 있다. 이처럼 앞으로 우리의 생활은 전력을 구심점으로 환경을 고려하면서도 편의성도 놓치지 않는 방식으로 재편될 것이다.

 정리

- 태양광발전으로 만든 전기를 배터리에 저장하면 효율적으로 이용할 수 있다.
- 재해가 발생하더라도 전력회사에 기대지 않고 전기를 사용할 수 있다.

048

식품업과 농림수산업이라고
해서 예외는 아니다

소의 메테인 배출을 줄이는 기술의 개발

탈탄소화의 영향은 식탁 위에서도 찾을 수 있다. 우리가 즐겨 먹는 육류는 지구온난화와 떼려야 뗄 수 없는 관계다. 축산업에서 나오는 분뇨, 초식동물의 트림과 방귀 등이 지구온난화에 일조하기 때문이다. 특히 가장 큰 요인으로 꼽히는 것이 소다. 소의 위에서 발생해 트림으로 배출되는 메테인은 지구온난화에 악영향을 미친다.

메테인은 이산화탄소보다 온실효과가 25배나 높다. 전 세계 소의 위장에서 연간 20억 톤에 이르는 메테인이 배출되는데, 이는 세계 온실가스 배출량의 4%에 해당한다. 일본이 차지하는 온실가스 배출량의 비율이 3%대라는 사실을 고려하면 한 나라보다 전 세계 소가 더 많은 온실가스를 배출하는 셈이다. 이에 따라 관련 업계에서는 메테인을 적게 배출하는 소의 유전자를 연구하거나 메테인 배출량을 줄이는 사료를 개발하고 있다.

소에서 나오는 온실가스를 줄이기 위한 노력

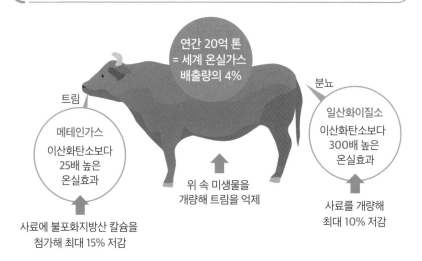

연간 20억 톤
= 세계 온실가스
배출량의 4%

트림

분뇨

메테인가스
이산화탄소보다
25배 높은
온실효과

위 속 미생물을
개량해 트림을 억제

일산화이질소
이산화탄소보다
300배 높은
온실효과

사료에 불포화지방산 칼슘을
첨가해 최대 15% 저감

사료를 개량해
최대 10% 저감

제로 에미션을 달성하기 위한 농림수산업의 전략

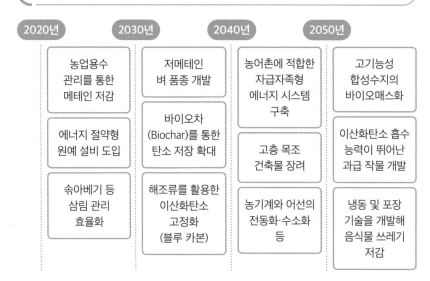

2020년	2030년	2040년	2050년
농업용수 관리를 통한 메테인 저감	저메테인 벼 품종 개발	농어촌에 적합한 자급자족형 에너지 시스템 구축	고기능성 합성수지의 바이오매스화
에너지 절약형 원예 설비 도입	바이오차 (Biochar)를 통한 탄소 저장 확대	고층 목조 건축물 장려	이산화탄소 흡수 능력이 뛰어난 과급 작물 개발
솎아베기 등 삼림 관리 효율화	해조류를 활용한 이산화탄소 고정화 (블루 카본)	농기계와 어선의 전동화·수소화 등	냉동 및 포장 기술을 개발해 음식물 쓰레기 저감

참고: 일본 농림수산부, 「탈탄소 사회 실현을 위한 농림수산 분야의 노력—녹색 식음료 시스템 전략」
(2021년 4월 20일) (https://www.cas.go.jp/jp/seisaku/datsutanso/dai2/siryou3-3.pdf)

농업은 산업 자체가 탄소중립의 일부라 할 수 있다. 식물은 광합성을 통해 내부에 탄소를 고정화하는데, 이 탄소는 식물이 식량이나 에너지원으로 활용될 때 배출되면서 생태계를 순환한다. 사실 농업 역시 화학비료나 농기계 등을 사용하는 과정에서 이산화탄소를 배출한다. 따라서 화학비료를 사용하지 않는 유기농법은 그 자체로 탈탄소화에 도움을 준다. 농기계와 관련해서는 코마츠를 비롯한 기업들이 전동화를 추진하고 있다.

임업은 이산화탄소 흡수원을 늘린다는 점에서 유용한 산업이다. 또한 지역 균형 발전 관점에서도 중요한 분야이므로 사람들의 이목이 쏠리고 있다.

정리

- 세계 온실가스 배출량의 4%를 차지하는 소의 트림을 연구 중이다.
- 유기농법 장려, 농기계 전동화와 같은 활동도 이루어지고 있다.

049

지속가능한 사회를 목표로 자원 순환 구조를 구축

자원 절약을 통해 환경에 부담을 주지 않는 사회 실현

세계 각국이 코로나로 인한 경기 침체에서 벗어나고자 그린 리커버리 (53쪽 참고)를 강조하면서 경제와 자주 엮이는 탈탄소화지만, 원래는 지속가능한 사회를 추구하려는 의도에서 시작되었다. 이러한 배경에서 대량 생산, 대량 소비, 대량 폐기를 대체하는 개념으로 제시된 것이 순환형 사회다.

2000년 6월, 일본에서는 '순환형 사회 형성 추진 기본법'이 제정되었다. 해당 법은 순환형 사회를 '천연자원 소비를 억제함으로써 가능한 한 환경에 부담을 주지 않는 사회'로 정의한다. 순환형 사회를 실현하려면 제품 폐기를 줄이고, 배출된 폐기물은 가능한 한 자원으로 다시 사용하고, 도저히 사용할 수 없는 것은 적절한 방법으로 처분해야 한다. 여기서 제품 폐기를 막아 자원 소비 자체를 줄이는 것이 절약Reduce, 쓸 만한 폐기물을 다시 사용하는 것이 재사용Reuse, 폐기물에서 자원을 골라내 제품화하는 것이 재활용Recycle인데, 이 세 가지를 통틀어 3R이라고

순환형 사회의 정의

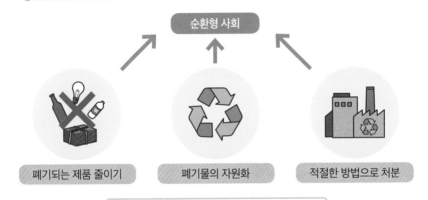

순환형 사회

폐기되는 제품 줄이기

폐기물의 자원화

적절한 방법으로 처분

세 가지 활동을 통해 천연자원의 소비를 줄이고
환경에 부담을 주지 않는 사회

참고: 규슈현 폐기물문제검토위원회, 「순환형 사회 형성 추진 기본법」
(https://www.re-square.jp/eco/law/law02.php)

순환형 사회를 실현하는 3R

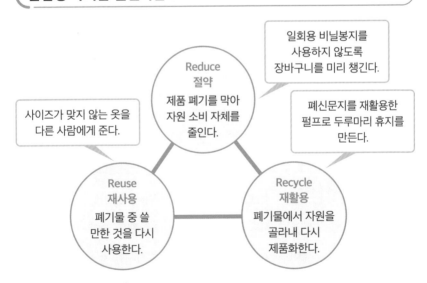

일회용 비닐봉지를
사용하지 않도록
장바구니를 미리 챙긴다.

폐신문지를 재활용한
펄프로 두루마리 휴지를
만든다.

사이즈가 맞지 않는 옷을
다른 사람에게 준다.

Reduce
절약
제품 폐기를 막아
자원 소비 자체를
줄인다.

Reuse
재사용
폐기물 중 쓸
만한 것을 다시
사용한다.

Recycle
재활용
폐기물에서 자원을
골라내 다시
제품화한다.

한다.

　지속가능한 사회를 실현하려면 순환형 사회, 탈탄소 사회, 자연과 공생하는 사회를 위한 노력을 통합적으로 전개할 필요가 있다. 한편 앞으로는 희소금속을 비롯해 자원 자체를 구하는 것이 힘들어질 전망이다. 따라서 탈탄소화에서도 3R을 비롯한 순환형 사회 구축의 중요성이 커질 것이다. 이와 관련해서는 차량용 배터리의 재이용, 플라스틱 자원의 순환 구조 확립, 재생에너지 주류화와 같은 노력이 이루어지고 있다.

정리

- 절약하는 Reduce, 다시 사용하는 Reuse, 자원을 골라내 제품화하는 Recycle.
- 탈탄소 사회에서도 3R을 통해 자원을 순환시키는 것이 중요하다.

소를 적게 키우면
기후변화를 막을 수 있을까?

길을 걷다 보면 새로 생긴 비건 레스토랑이 눈에 띄고 뉴스에서는 비건 급식을 허용한다는 소식이 흘러나오면서 비건(vegan, 완전채식주의)은 이제 낯선 단어가 아니다. 탈탄소에서도 비건은 관심의 대상이다. 일본은 2022년부터 친환경 소비를 권장하는 '그린 라이프 포인트' 제도를 시행 중인데, 비건 식품 구매도 포인트 제공 대상에 포함해야 한다는 의견이 나와 화제가 되었다. 비건은 '인간은 가능한 한 동물을 섭취하지 않으며 살아야 한다'라는 사상으로, 식사뿐만 아니라 의식주를 통틀어 동물을 착취하거나 학대해서는 안 된다고 강조한다. 식사와 관련해서는 육류는 물론 달걀이나 유제품도 먹지 않는다.

이러한 비건이 탈탄소화 대책으로 떠오르기 시작했다. 축산업에서 배출하는 메테인이 기후변화에 악영향을 미친다는 연구 결과 때문이다. 따라서 비건 추진파는 채식주의가 사회 곳곳에 스며들면 식육 수요가 줄고 축산업 규모가 작아지면서 온실가스 배출량이 감소한다고 주장한다.

한편으로는 이를 비판하는 의견도 있다. 문제는 고기를 대체하기 위해 나온 콩고기다. 세계 최대 대두 생산국인 브라질은 대두 생산량을 늘리고자 삼림을 갈아엎고 있으므로 고기 대신 콩고기를 먹는 것은 기후변화에 도움이 되지 않는다는 논지다. 그 밖에도 음식 낭비를 줄이는 것이 우선이라는 등 다양한 생각과 주장이 엇갈리고 있다. 책에서는 무엇이 맞고 무엇이 틀렸는지 다루지는 않겠지만, 한 가지 확실한 것은 한 사람 한 사람이 기후변화를 의식하고 해결책을 고민해 나가야 한다는 사실이다.

경쟁력을 높이는 기업의 전략

탄소중립을
발판으로
성장하는 기업

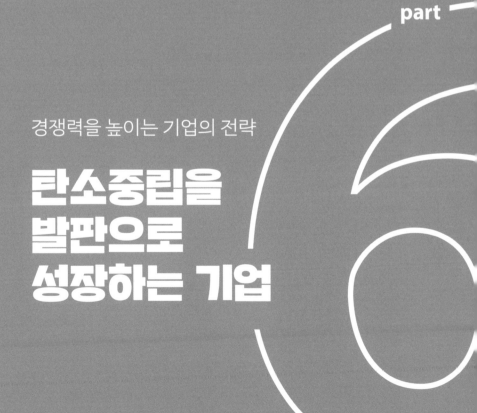

탈탄소 사회에서
기업이 성장하려면

탈탄소화의 흐름을 분석하고 기회와 위기를 구분하다

G7은 탈탄소화로 인한 변화를 'Green Revolution(녹색혁명)'이라고 명명했다. 인류의 역사를 살펴보면 사회 구조나 문명이 크게 뒤바뀌는 시점이 있는데, 탈탄소화의 물결 역시 사회 구조를 뒤엎을 파도처럼 밀려오고 있다. 재생에너지 도입부터 차량의 전동화, 배터리 기술의 진화, 탄소 재활용에 이르기까지 수많은 분야에서 산업이 활기를 띠고 기술 혁신이 일어나는 것만 보아도 알 수 있다. 이러한 흐름을 감지한 각국 정부는 탈탄소화와 경제 성장을 연결 짓고자 친환경 성장 전략을 내놓기 시작했다.

어느덧 '탈탄소화 없이는 경제 성장도 없는 시대'가 되었다. 금융 분야에서는 ESG 투자가 활발해지고, 투자자는 탈탄소를 기준으로 기업을 평가한다. 이때 탈탄소화는 기업지배구조헌장 규정에 추가된 TCFD(기후변화 관련 재무정보 공개 협의체) 권고안 등에 기반해 기후 관련 재무정보를 공개하는 것도 포함한다.

기업이 추진해야 하는 주요 전략

재생에너지
전기 사용 확대

탈탄소 관련
신규 사업에 대한
투자

제품 개발 과정에서
환경을 배려

기후 관련
재무정보 공개

공급망
재점검

기업지배구조헌장의 주요 개정 사항

이사회의 기능

기업이 원하는 이사회와
각 이사의 역량 공개 등

이사회 구성원의 다양성 확보

성별, 국적, 연령 등과 관련해
관리직의 다양성을 확보하기 위한
목표 설정 등

지속가능성 향상을 위한 노력

지속가능한 발전을 추구하기 위한
기본 방침 책정 등

프라임 시장※에 대한 대응

글로벌 투자자와의 건설적인 대화,
시장에 대한 대응 등

※ 일본의 최상위 증권시장으로 유통주식 시가총액이 100억 엔 이상인 글로벌 기업이 속해 있다.

―옮긴이

앞으로 기업은 탈탄소화의 흐름과 기후변화의 진행 상황 등을 고려해 비즈니스 기회와 위기가 어디에 있는지 확인하고 기업 전략을 세울 필요가 있다. 그런 다음 구체적인 행동을 통해 탈탄소의 첫걸음을 내딛는 것이다. 여기서 구체적인 행동이란 재생에너지 전기 구매나 탈탄소 관련 신규 사업에 대한 투자 등을 가리킨다. 이 책의 7장에서는 첨단 탈탄소 기술을 소개한다. 이러한 기술을 하나로 모아 역사에 남을 대전환의 파도를 뛰어넘는 것은 우리 사회 전체가 힘을 합쳐 해결해야 할 숙제다.

정리

- 탈탄소화로 인해 사회가 뒤바뀌고 기술 혁신이 일어난다.
- ESG 투자를 고려하여 기후 관련 재무정보를 공개해야 한다.

051

GAFAM이 이끄는
공급망의 탈탄소화

GAFAM을 비롯한 글로벌 기업과 일하려면
탈탄소화는 필수

탈탄소화와 관련해 남다른 추진력을 보이는 기업은 GAFAM이다. 오늘날 IT 분야를 선도하는 GAFAM은 누구보다 빨리 시대의 흐름을 파악했다는 평가를 받지만, 그들이 탈탄소에 매달린 이유는 그 이유뿐만은 아니다.

탈탄소 사회에서는 온실가스 배출이 곧 비용이므로 이산화탄소 배출량을 가능한 줄여야 한다. 그리고 현재진행형인 화석연료 가격 상승과 이로 인한 전기요금 상승 등 외부로부터의 위험 요소를 배제해야 비즈니스의 안정성을 확보할 수 있다. 결국 기후변화 대책을 실시하는 것이 돌고 돌아서 기업이 전개하는 비즈니스의 위험 요소를 줄이는 일로 이어진다.

따라서 GAFAM은 탈탄소에 주목하고 재생에너지 확보를 서두르고 있다. 특히 구글과 애플이 앞서나가고 있는데, 두 기업은 모두 재생에

탄소중립 실현을 위한 GAFAM의 노력

구글	• 2007년 실질적인 탄소중립을 실현했으며, 2017년에는 연간 소비 전력을 전부 재생에너지로 충당하는 데 성공했다. • 2030년까지 24시간 365일 이산화탄소를 배출하지 않는 에너지로 사업을 운영하는 것을 목표로 한다.
아마존	• 2021년 4월 기준, 유럽 최대 재생에너지 조달 기업에 올랐으며, 일본에서도 관련 활동을 추진하고 있다. • 처음 계획을 5년 앞당겨 2025년까지 세계 모든 사업장을 재생에너지로 운영하고, 더 나아가 2040년까지 탄소중립을 달성하는 것을 목표로 한다.
페이스북	• 2020년에 사업장 전체 재생에너지 전환율 100%를 달성하면서 자사 내 탄소중립을 실현했다. • 2030년까지 밸류 체인 전체의 탄소중립을 달성하는 것을 목표로 한다.
애플	• 2018년에 자사에서 사용하는 전력 전체를 재생에너지로 공급하는 데 성공했다. • 2030년까지 제조 공급망과 제품 수명 주기 전체의 탄소중립 실현을 목표로 공급업체의 협력을 촉구하고 있다.
마이크로소프트	• 2012년에는 자사 내 탄소중립, 2014년에는 재생에너지 전환율 100%를 달성했다. • 2030년부터 온실가스 순 배출량을 0 이하로 떨어뜨리는 '카본 네거티브'에 돌입하고, 2050년에는 회사가 창립된 1975년부터 배출한 이산화탄소를 전부 제거하는 것을 목표로 한다.

너지 전환율 100%를 진작 달성했다. 애플은 한 발짝 더 나아가 협력사에도 탈탄소화를 요구하며 재생에너지 전환율 100%를 달성하겠다는 약속을 받아내고 있다. 이는 자사 제품 공급망의 이산화탄소 배출량을 줄

이기 위해서이지만, **공급업체를 평가하고 압박한다**는 견해도 있다.

공급망의 탈탄소화는 일본에도 영향을 미치기 시작했다. 소니나 도요타자동차와 같은 대기업들이 공급업체에 탈탄소화를 요구하면서 이러한 흐름에 박차를 가하고 있다. 어쩌면 지금 이 책을 읽는 당신이 다니는 회사도 머지않아 고객사로부터 탈탄소화를 요구받을지도 모른다.

 정리

- 탈탄소화로 위험 요소를 배제하고 비즈니스의 안정성을 높인다.
- GAFAM은 공급망 전체의 이산화탄소 배출량 저감에 나섰다.

052 🌿

M&A를 통해
탈탄소 기업으로 변신한
에네오스

재생에너지 기업 JRE 인수를 통해
탈탄소라는 대세에 올라타다

탈탄소화가 세계적인 대세로 자리 잡으면서 화석연료를 중심으로 사업을 전개하던 기업은 비즈니스 혁신이 시급해졌다. 그중 과감히 새로운 영역에 발을 내디딘 곳이 일본 최대 정유기업 에네오스다. 에네오스는 일본 전역에 걸쳐 주유소 네트워크를 보유하고 석유 정제 및 판매 사업에서 독보적인 위치를 차지하고 있으면서도 탈탄소화를 위한 사업 구조 혁신에 도전장을 내밀었다.

에네오스는 2040년 장기 목표 중 하나로 '탈탄소 및 순환형 사회 실현 이바지'를 내세우며 수소와 재생에너지에 주목하고 있다. 실제로 일본 내 수소 공급 네트워크와 해외를 포함한 이산화탄소 무배출 서플라이 체인을 구축하기 위해 에너지 공급과 수요 양쪽 측면에서 노력을 기울이고 있다. 그리고 여러 재생에너지의 개발 가능성을 검토하고 재생에너지 발전 용량과 사업 개발 능력을 키우기 위해 일본의 재생에너지 기업

탈탄소 및 순환형 사회 실현에 이바지하는 에네오스

JRE 주식 취득 이후
일본 내외 재생에너지
총 발전 용량(운전 및 건설 중)

약 122만 kW
(2021년 9월 기준)

태양광
바이오매스
육상·해상풍력

2022년
2025년
2030년
2040년

제2차 중기경영계획
기간의 목표 달성

탈탄소 및 순환형 사회 실현에 이바지

2022년 말까지 일본 내외 재생
에너지 사업의 총 발전 용량을
100만 kW 이상으로 확대

이후에도 용량을
꾸준히 확대

JRE의 사업 개발 능력을
활용해 신규 재생에너지원
개발을 적극적으로 추진

재생에너지원을 늘림으로써
판매 메뉴를 다양화하고
오프사이트 PPA와 같은
새로운 소매 메뉴를 개발

보조 전원
가스
화력
바이오
매스

재생에너지원

VPP·EMS

배터리

재생에너지원에 배터리,
전기차로 제어하는 EMS를
조합해 전력을 안정적이고
효율적으로 공급

저탄소 전기·VPP(가상발전소) 사업

전기
소매
가정, 공장,
사무실
태양광
대여사업

차세대 모빌리티 서비스 사업

전기차
충전소
전기차
충전기
렌트,
카 셰어링

이산화탄소 무배출 수소 서플라이 체인

수전해
수소
충전소
수소전기차,
수소 트럭 등

참고: 에네오스, 「에네오스의 JRE 주식 취득에 관한 관련 공지사항」(2021년 10월 11일)
(https://www.hd.eneos.co.jp/newsrelease/upload_pdf/20211011_01_03_0960492.pdf)

JRE_{Japan Renewable Energy}를 인수했다.

JRE는 육상풍력, 태양광, 바이오매스 등 다양한 재생에너지원을 보유하고 있으며, 해상풍력발전 사업화에도 적극적인 일본 유수의 재생에너지 사업자다. 골드만삭스와 같은 외자기업이 출자하고 있었으나 에네오스가 2,000억 엔을 들여 인수했다. 이 인수를 통해 에네오스는 재생에너지원 개발에 추진력을 더했다. 해상풍력발전 분야의 대표 기업으로 거듭난 오스테드처럼 유럽이나 미국에는 화석연료 전문 기업이 탈탄소 전환을 실현한 사례가 존재하므로, 에네오스가 이번 JRE 인수를 계기로 탈탄소 기업으로 변모할 수 있을지 관심이 쏠린다.

 정리

> - 에네오스는 수소와 재생에너지 분야를 강화하는 식으로 탈탄소화를 추진하고 있다.
> - JRE 인수를 통해 재생에너지원 개발에 박차를 가하기 시작했다.

053

선견지명으로 세계를 리드하는 테슬라

재생에너지, 배터리, 전기차라는 3대 요소로 수준 높은 사업을 전개 중

차량 전동화는 탈탄소화의 주축 중 하나로, 이 분야에서 선두를 달리는 기업이 미국의 테슬라다. 테슬라는 해마다 세계 전기차 판매 대수 최고치를 갈아치우고 있는데, 2020년부터 2022년까지 1위 자리를 내준 적이 없을 정도다.

2020년에는 테슬라의 시가총액이 도요타자동차를 뛰어넘으면서 화제가 되었는데, 테슬라의 무기는 바로 선견지명이다. 테슬라는 2006년에 첫 번째 마스터플랜을 세운 데 이어 2016년에 두 번째 마스터플랜을 발표했다. 실제로 테슬라의 사업은 이 마스터플랜을 따라 나아가고 있으며, 마스터플랜에는 전기차에 관한 전략도 담겨 있다. 테슬라는 값비싼 스포츠카로 하이엔드 시장을 겨냥한 다음 그 수익으로 저렴한 전기차를 출시한다는 계획을 세웠는데, 이는 로드스터Roadster에서 모델 S, 모델 X, 모델 3로 이어지는 흐름을 통해 실현되었다. 이 외에도

테슬라의 움직임과 마스터플랜 비교

타임라인	테슬라의 움직임	마스터플랜
2008년 2월	'테슬라 로드스터' 출시	❶ 스포츠카를 만든다
2009년 5월	다임러(Daimler AG)와 자본·업무 제휴	
2009년 7월	'테슬라 로드스터 2' '로드스터 스포츠' 출시	
2010년 1월	파나소닉과 힘을 합쳐 차세대 배터리 개발	
2010년 5월	도요타자동차와 자본·업무 제휴	
2012년 6월	'모델 S' 출하 시작	❷ 저렴한 차를 만든다
2012년 9월	'슈퍼차저' 판매 시작	
2014년 9월	파나소닉과 합작해 미국 네바다주에 배터리 공장 '기가팩토리' 건설	
2015년 4월	가정용 배터리 '파워월' 발매	❺ 에너지 생산과 저장을 통합한다
2015년 9월	'모델 X' 출하 시작	❸ 더 저렴한 차를 만든다
2016년 10월	모든 차량에 완전 자율주행을 위한 하드웨어 탑재 발표	❾ 자동화
2016년 11월	솔라시티(SolarCity) 인수	❹ 무배출 발전 옵션을 제공한다
2017년 7월	'모델 3' 출하 시작	❸ 더 저렴한 차를 만든다
2019년 1월	중국 상하이에 '기가팩토리' 건설	
2019년 5월	맥스웰테크놀로지 인수	
2019년 11월	'사이버트럭' 발표	❼ 지상의 주요 운송수단을 망라하도록 사업을 확대한다
2020년 3월	'모델 Y' 출하 시작	❸ 더 저렴한 차를 만든다
2020년 9월	독자 개발한 4680 배터리 공개	

테슬라 사업의 특장점

전기차 개발	태양광발전	배터리 개발
고성능 전기차를 다른 회사보다 저렴한 가격에 판매	지붕만 교체하면 되는 지붕 일체형 태양광 패널 사업	가격 경쟁력이 높은 산업용·가정용 배터리 개발

주행거리가 긴 고성능 전기차를 다른 회사보다 저렴하게 판매하는 등 테슬라는 마스터플랜에 따라 순조롭게 전기차를 판매하고 있다.

테슬라라고 하면 전기차에만 주목하기 쉽지만 사실 태양광발전에도 관심이 많아 지붕 일체형 태양광 패널 사업도 펼치고 있다. 그 외에도 차량용 배터리 관련 기술력을 살려 가격 경쟁력이 높은 산업용 및 가정용 배터리를 선보이고 있다.

전기차에 안주하지 않고 탈탄소 사회에서 빼놓을 수 없는 3대 요소인 재생에너지, 배터리, 전기차 분야에서 수준 높은 사업을 펼치는 에너지 솔루션 기업. 이것이 바로 테슬라의 실제 모습 아닐까?

 정리

- 테슬라는 주행거리가 긴 고성능 전기차를 저렴한 가격에 판매한다.
- 전기차 외에도 태양광 패널이나 배터리 사업 역시 주목할 만하다.

054

탄소중립 목표를
15년 앞당긴
도요타자동차

2021년부터 본격적으로 나선 전기차와 배터리 개발

일본을 대표하는 자동차 제조업체로는 도요타자동차가 있다. 하지만 도요타자동차의 탈탄소 관련 성적표는 영 시원치 않았다. 그 이유 중 하나로 전기차 전쟁에 적극적으로 뛰어들지 않았다는 점을 들 수 있다.

과거 도요타자동차는 하이브리드 다음으로 수소의 시대가 올 것이라 예상하고 수소의 화학반응을 이용하는 수소전기차 개발에 집중했다. 하지만 예상과 달리 테슬라의 전기차가 폭발적인 반응을 얻는 등 전기차와 탈탄소는 떼려야 뗄 수 없는 관계가 되고 말았다. 이에 따라 **도요타자동차도 2021년부터 탈탄소 전략을 잇따라 발표했다.** 하이브리드차와 수소전기차도 전기를 이용한다는 사실을 강조하기 위해 각각 HEVHybrid Electric Vehicle, FCEVFuel Cell Electric Vehicle라고 명명했다. 또 전기차는 배터리로 달린다는 점에 착안해 BEVBattery Electric Vehicle라고 부른다. 도요타자동차는 지금까지의 부진을 만회하고 BEV 분야에서 영역을 넓히기 위해 2025년에 15개 차종을 새롭게 투입할 계획이다.

도요타자동차의 탄소중립 목표

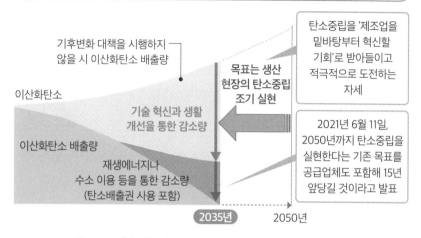

기후변화 대책을 시행하지 않을 시 이산화탄소 배출량

탄소중립을 '제조업을 밑바탕부터 혁신할 기회'로 받아들이고 적극적으로 도전하는 자세

이산화탄소

목표는 생산 현장의 탄소중립 조기 실현

기술 혁신과 생활 개선을 통한 감소량

이산화탄소 배출량

재생에너지나 수소 이용 등을 통한 감소량 (탄소배출권 사용 포함)

2021년 6월 11일, 2050년까지 탄소중립을 실현한다는 기존 목표를 공급업체도 포함해 15년 앞당길 것이라고 발표

2035년 · · · 2050년

참고: 도요타자동차, 「미래를 개척하는 데 있어 중요한 모노즈쿠리」(2021년 6월 11일)
(https://global.toyota/pages/news/images/2021/06/11/1530/20210611_01_01_jp.pdf)

도요타 그룹 내 7개사의 탄소 배출량 저감 목표

도요타자동차	2035년까지 전 세계 사업장에서 탄소배출권을 포함한 탄소중립
덴소	2025년까지 탄소배출권을 포함한 탄소중립, 2035년까지 완전 탄소중립
아이신	2030년까지 50% 이상 저감(2013년 대비), 2050년 탄소중립
도요타자동직기	2030년까지 50% 저감(2013년 대비), 2050년 탄소중립
제이텍트	2030년까지 연계를 통해 50% 저감(2013년 대비), 2040년 탄소중립
도요타방직	2030년까지 38% 저감(2013년 대비), 2050년 탄소중립
도요타합성	2030년까지 50% 저감(2013년 대비), 2050년 탄소중립
아이치제강	2050년 탄소중립 실현을 염두에 두고 목표 검토 중

더 나아가 기존에 2050년을 겨냥했던 탄소중립 목표를 15년 앞당겨 2035년까지 실현한다고 발표했다. 우선 제품 수명 주기의 탈탄소화를 위해 공급업체를 상대로 온실가스 배출량을 매년 3%씩 줄이도록 요구하고, 탈탄소 사회에서 빼놓을 수 없는 이차전지 분야에도 1.5조 엔을 투자해 2030년까지 생산 능력을 200GWh로 확대할 방침이다. 이러한 행보가 시장에서 긍정적인 반응을 얻으면서 2021년 도요타자동차의 주가는 상승세를 보였다. 전력투구에 나선 도요타자동차의 싸움은 이제 막을 올리기 시작했다.

정리

- 도요타자동차는 당초 계획을 15년 앞당겨 2035년까지 탄소중립을 실현할 것을 목표로 한다.
- BEV 출시, 배터리 기술 개발 등 탈탄소화에 박차를 가하고 있다.

055

업무 효율화와 이차전지 개발로 탈탄소화에 나서는 파나소닉

**이차전지를 무기로 목표로 삼은
2030년 이산화탄소 실질 배출량 제로**

파나소닉도 탈탄소를 비즈니스의 주축으로 삼은 기업 중 하나다. 파나소닉은 지난 2021년 '환경 문제 해결을 이끄는 기업'으로 거듭난다는 포부를 내걸며 2030년까지 이산화탄소 배출량 제로를 실현할 것이라고 선언했다. 제조업계에서는 유례를 찾기 힘든 야심 찬 목표다.

앞으로 기후변화와 탈탄소화가 진행될수록 다양한 외부 리스크가 발생할 것으로 보이는데, 이러한 리스크에 대응하기 위해서는 업무 효율화가 중요하다. 따라서 파나소닉은 업무 효율화를 위해 인공지능AI을 활용해 제품 수요와 납기를 예측하는 소프트웨어로 잘 알려진 미국의 블루 욘더Blue Yonder를 인수했다. 블루 욘더의 기술력을 활용해 파나소닉은 낭비를 줄이고 공급망을 최적화하면서 탈탄소 사회에 필요한 솔루션을 능동적으로 제공할 수 있게 되었다.

환경 문제 해결에 이바지하는 파나소닉

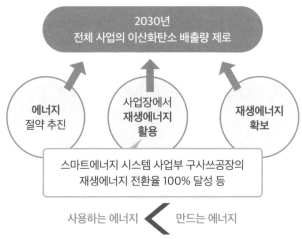

2030년
전체 사업의 이산화탄소 배출량 제로

에너지
절약 추진

사업장에서
재생에너지
활용

재생에너지
확보

스마트에너지 시스템 사업부 구사쓰공장의
재생에너지 전환율 100% 달성 등

사용하는 에너지 ＜ 만드는 에너지

참고: 파나소닉, 「파나소닉 그룹이 나아가는 방향성」(2021년 5월 27일)
(https://www.panasonic.com/jp/corporate/ir/pdf/20210527_vision_j.pdf)

파나소닉의 공급망 최적화

블루 욘더

파나소닉

공급망 전체의
가시화 및 최적화

디지털 데이터 활용을 통해
현장 개선 자율화

오퍼레이션
능력을 강화한
차량용 배터리
생산

업계를 이끄는
차세대 차량용
배터리 개발

이차전지
시스템 사업
확대

참고: 파나소닉, 「파나소닉 그룹이 나아가는 방향성」(2021년 5월 27일)
(https://www.panasonic.com/jp/corporate/ir/pdf/20210527_vision_j.pdf)

한편 탈탄소화의 주요 분야 중 하나인 차량의 전동화와 관련해서도 테슬라와의 협업을 통해 배터리 관련 노하우를 얻었다. 파나소닉은 테슬라와의 협업을 유지하는 한편, 도요타자동차와도 손잡고 배터리 합작사를 설립하는 등 다른 주요 기업과의 연계도 소홀히 하지 않는다.

차량용 배터리는 글로벌 경쟁이 치열한 시장 중 하나인 만큼 파나소닉이 앞으로 어떤 행보를 보일지 귀추가 주목된다. 축적한 노하우는 다른 분야에서 살릴 수도 있다. 파나소닉은 자동차 제조업체와 협업하여 얻은 배터리 기술을 데이터센터의 안정적인 운영과 같은 디지털 분야에 활용한다는 방침이다. 이에 따라 파나소닉은 탈탄소와 디지털이라는, 성장이 확실시되는 분야에서 활약을 펼칠 전망이다.

정리

- 블루 욘더 매수를 통해 최적화된 이차전지 개발에 나선 파나소닉.
- 파나소닉은 테슬라와 협업하면서 얻은 배터리 관련 노하우를 여러 분야에서 활용한다.

056

중국과 손잡고 전기차를 도입하는 사가와 익스프레스

2022년부터 7,200대의 중국산 전기차 도입

탈탄소 바람은 물류 업계에도 손을 뻗치고 있다. 그중에서도 사가와 익스프레스佐川急便는 차량의 전동화 위주로 탈탄소화를 추진 중이다. 고객이 택배를 받기 직전 최종 구간을 '라스트 마일Last Mile'이라고 하는데, 이때는 물류 창고에서 출발해 정해진 범위 안에서 움직이므로 전기차의 단점인 주행거리가 문제시되지 않는다. 게다가 정해진 시간마다 거점으로 돌아와 충전할 수 있다는 점도 전기차에 안성맞춤이다.

이에 따라 사가와 익스프레스는 라스트 마일을 포함해 현재 운행 중인 경차 7,200대를 전부 2030년까지 전기차로 바꿀 것이라고 발표했다. 무엇보다 눈길을 끄는 것은 중국 기업이 생산하는 전기차를 선택했다는 사실이다. 원래 사가와 익스프레스는 일본 전기차의 도입을 검토했지만, 차량의 특성이나 생산 규모와 같은 문제로 포기할 수밖에 없었다. 따라서 중국 기업인 광시자동차그룹Guangxi Automobile Group 산하 상하이GM우링SGMW이 직접 생산하는 전기차를 도입하기로 했다.

사가와 익스프레스의 전기차 개발 과정

사가와 익스프레스는 7,200대의 중국 전기차를 2022년부터 순차적으로 도입하며, 대형 물류 기업인 SBS홀딩스도 중국에서 생산한 전기 트럭을 들여온다.

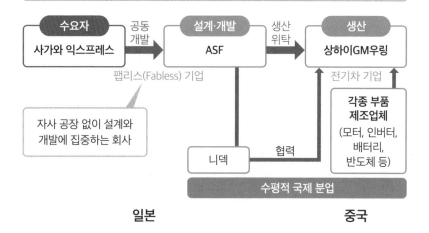

참고: 니덱, 「2022년 4~6월 결산 설명회」(2021년 7월 21일)
(https://www.nidec.com/-/media/www-nidec-com/ir/library/earnings/2022/FY21Q1_1_jp.pdf)

수평적 국제 분업형 전기차 개발의 장점

전기차 관련 기술을 갖춘 기업에게 생산을 위탁할 수 있다.

차량 특성이나 생산 규모 등 고객사의 요구 사항에 맞는 전기차를 제공할 수 있다.

자국 기업이 설계와 개발을 맡으므로 **자국의 안전기준을 충족한** 전기차를 생산할 수 있다.

기존의 경차 렌트 비용보다 **저렴한** **가격으로 전기차를 도입할 수 있다.**

하지만 중국에서 생산된 차량은 일본의 안전기준을 충족해야만 한다. 따라서 사가와 익스프레스는 일본의 전기차 스타트업 ASF와 힘을 합치기로 했다. ASF가 차량을 설계 및 개발하면 중국 기업이 위탁 생산하는 전기차의 수평적 국제 분업형 생산 모델을 구축한 것이다. 경제적인 면에서도 전기차 도입 비용을 기존의 경차 렌트 비용보다 낮추는 데 성공했다. 사가와 익스프레스의 사례가 마중물이 되어 일본의 대형 물류 기업 SBS홀딩스도 비슷한 생산 모델을 통해 중국 전기차를 도입하기로 했다. 이처럼 물류 업계는 차량의 전동화로 분주하다. 탈탄소화가 이루어질수록 중국 전기차의 일본 상용차 시장 진입이 활발해질 전망이다.

정리

- 라스트 마일에서는 주행거리가 짧아 전기차 충전이 용이하다.
- 일본 스타트업이 설계하고 중국 기업이 위탁 생산하는 수평적 국제 분업.

빠르게 성장하는 기술력

주목할 만한
일본의
탈탄소 기술

7

057 🌿

전동화의 밑바탕을 이루는 세계 최고 수준의 모터 기술

고성능 모터로 높은 점유율을 자랑하는 니덱

탈탄소의 파도가 거세지면서 다양한 분야에서 전동화가 이루어지고 있는데, 전기를 동력으로 바꿀 때 없어서는 안 될 장치가 바로 모터다. 모터는 산업용 기계를 비롯해 에어컨이나 냉장고와 같은 가전제품, 컴퓨터에 들어가는 HDD까지 다양한 기기에 쓰인다. 이러한 모터 기술로 세계 시장을 이끄는 기업 중 하나가 니덱Nidec, 일본전산이다. 전체 모터 가운데 큰 비중을 차지하는 HDD용 스핀들 모터 분야에서 니덱의 세계 시장 점유율은 80%에 이른다.

탈탄소화가 진행되면서 BLDC 모터Brushless Direct Current motor의 수요 또한 늘고 있다. 기존의 브러시 모터는 스파크와 소음이 발생하고 브러시 마모로 인해 수명이 짧지만, 브러시 모터의 단점을 해결한 BLDC 모터는 크기가 작고 출력이 높으며 스파크와 소음이 발생하지 않아 컴퓨터부터 가전제품까지 폭넓게 쓰인다. 니덱은 BLDC 모터 분야에서도 40%가 넘는 시장 점유율을 자랑하고 있다.

BLDC 모터의 주요 활용 분야

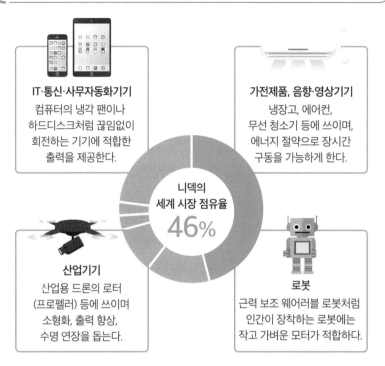

IT·통신·사무자동화기기
컴퓨터의 냉각 팬이나
하드디스크처럼 끊임없이
회전하는 기기에 적합한
출력을 제공한다.

가전제품, 음향·영상기기
냉장고, 에어컨,
무선 청소기 등에 쓰이며,
에너지 절약으로 장시간
구동을 가능하게 한다.

니덱의
세계 시장 점유율
46%

산업기기
산업용 드론의 로터
(프로펠러) 등에 쓰이며
소형화, 출력 향상,
수명 연장을 돕는다.

로봇
근력 보조 웨어러블 로봇처럼
인간이 장착하는 로봇에는
작고 가벼운 모터가 적합하다.

참고: 니덱, 「세계 점유율 1위 BLDC 모터―세계 제조기업이 인정하는 모터 기술은」
(https://www.nidec.com/brand/tech/brushlessmotor/)

BLDC 모터를 사용하는 분야 중에서는 **자동차 분야의 성장세가 뚜렷**하다. 전동화로 에너지 절약 효과가 높아지자 자동차 제조업체는 차량 곳곳에서 모터를 교체하고 있는데, 그중에서도 높은 제어 성능과 긴 수명을 요구하는 부위에는 BLDC 모터를 탑재하는 것이 대세로 자리 잡았다. 니덱이 겨냥하는 곳은 중국 시장이다. 실제로 니덱은 이미 중국에서 전기차용 모터 양산을 시작했으며 출하 대수도 세계 1위를 달린다.

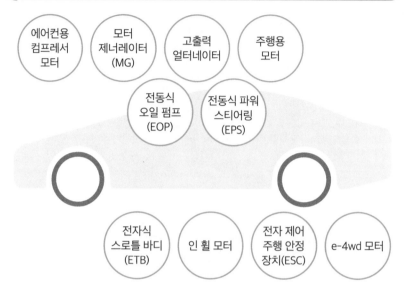

전기차에 사용되는 모터의 종류

에어컨용 컴프레서 모터

모터 제너레이터 (MG)

고출력 얼터네이터

주행용 모터

전동식 오일 펌프 (EOP)

전동식 파워 스티어링 (EPS)

전자식 스로틀 바디 (ETB)

인 휠 모터

전자 제어 주행 안정 장치(ESC)

e-4wd 모터

참고: NDK, 「자동차 엔지니어링을 뒷받침하는 자동차 모터와 부품」
(https://www.j-ndk.co.jp/sp1/)

경쟁이 치열한 중국에서 안정적인 공급 능력을 기른 다음 세계로 나서려 하는 니덱의 다음 행보가 궁금해진다.

정리

- 차량 전동화가 진행되면서 자동차에 쓰이는 모터도 바뀌고 있다.
- 중국 전기차 시장에서 생산 능력을 기른 다음 세계 무대로 향하는 니덱.

탈탄소화에 빛을 가져다주는 이산화탄소 고속처리기술

이산화탄소를 기체 상태 그대로 변환함으로써 빠르게 처리하는 기술

포집한 이산화탄소를 제품 내부에 고정화하는 탄소 재활용(142쪽 참고)도 탄소중립의 한 방법이다. 탄소 재활용은 이산화탄소 처리 기술이 관건인데, 이와 관련해 세계 최고 수준의 이산화탄소 처리 속도를 기록한 곳이 일본의 도시바TOSHIBA다. 도시바의 기술은 이산화탄소를 일산화탄소(CO)로 변환하는 것이다. 일산화탄소는 플라스틱, 페인트, 의약품 등 화학품과 제트 연료의 원료로 활용되므로 이는 이산화탄소의 재활용으로 이어진다. 이산화탄소를 일산화탄소로 변환하는 과정에 전력power이 필요하다는 점에서 도시바는 해당 기술에 'Power to Chemicals'라는 이름을 붙였다.

지금까지는 전극 표면에서 화학반응을 일으키는 전해 셀에 전압을 걸어 이산화탄소를 변환했다. 문제는 이산화탄소를 기체 상태 그대로 변환할 수 없으므로 수용액에 녹여야 한다는 점이다. 이산화탄소를 수

도시바가 개발한 이산화탄소 고속처리기술의 특징

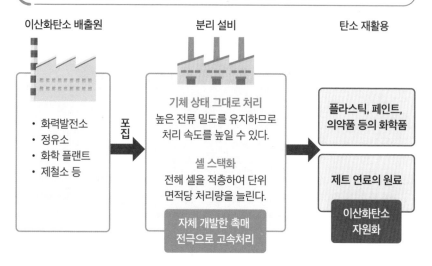

이산화탄소 배출원

분리 설비

탄소 재활용

- 화력발전소
- 정유소
- 화학 플랜트
- 제철소 등

포집

기체 상태 그대로 처리
높은 전류 밀도를 유지하므로
처리 속도를 높일 수 있다.

셀 스택화
전해 셀을 적층하여 단위
면적당 처리량을 늘린다.

자체 개발한 촉매
전극으로 고속처리

플라스틱, 페인트,
의약품 등의 화학품

제트 연료의 원료

이산화탄소
자원화

도시바 전해 셀(전해 스택)의 처리 속도

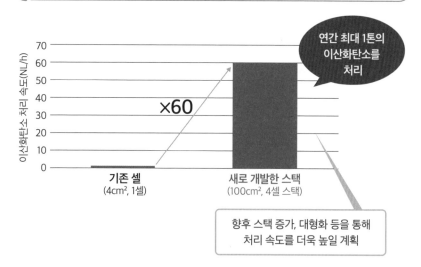

연간 최대 1톤의
이산화탄소를
처리

이산화탄소 처리 속도(NL/h)

70
60
50
40
30
20
10
0

×60

기존 셀
(4cm², 1셀)

새로 개발한 스택
(100cm², 4셀 스택)

향후 스택 증가, 대형화 등을 통해
처리 속도를 더욱 높일 계획

참고: 도시바, 「상온에서 세계 최고 속도로 이산화탄소를 자원화하는 기술 개발」(2021년 3월 21일)
(https://www.global.toshiba/jp/technology/corporate/rdc/rd/topics/21/2103-02.html)

용액에 녹이면 화학반응 속도에 영향을 주는 전류 밀도가 낮아져 반응 활성도와 변환 효율이 떨어진다.

도시바는 연구 끝에 이러한 과제를 해결하는 데 성공했다. 우선 전류 밀도를 높이기 위해 이산화탄소를 기체 상태 그대로 이용할 수 있는 촉매 전극을 개발했다. 그리고 도시바의 독자적인 기술을 통해 전해 셀을 적층화(스택화)하여 단위 면적당 처리량을 늘렸다. 이에 따라 편지봉투만 한 설치 면적으로 이산화탄소를 연간 1톤까지 처리할 수 있게 되었다. 앞으로 석탄화력발전소에서 배출되는 이산화탄소를 처리하는 데 유용하게 쓰일 것으로 보인다.

시장에 투입되는 시점은 2025년으로 예상된다. 도시바의 이산화탄소 고속처리기술은 순환형 사회 구축에 이바지한다는 점에서 탈탄소화에 빛을 가져다주는 기술이라고 할 수 있다.

정리

- 이산화탄소를 일산화탄소로 변환하여 화학품이나 제트 연료 생산에 활용한다.
- 기체 처리와 스택화를 통해 이산화탄소 고속처리를 실현.

059 🌿

식물보다 효율이 높은
인공광합성

인공광합성 분야 기술력을 갖춘 도요타 그룹

탄소중립은 이산화탄소 배출량과 흡수량이 같은 상태를 가리키는데, 흡수의 핵심이 되는 것이 광합성이다. 보통 광합성이라고 하면 식물이 태양광을 이용해 이산화탄소를 흡수하고 산소를 만드는 과정만 떠올리게 되는데, 더 자세히 살펴보면 물을 산소와 수소로 분해하는 명반응과 분해된 수소와 대기 중 이산화탄소로 유기화합물을 만드는 암반응으로 나눌 수 있다. 최근에는 이 두 가지 반응을 인공적으로 구현해 대기 중 이산화탄소 농도를 낮추는 인공광합성 기술이 개발되고 있다. 그리고 인공광합성 분야에서 선두를 달리는 곳이 도요타자동차를 필두로 하는 도요타 그룹이다.

인공광합성의 원리는 다음과 같다. 우선 태양광이 태양전지에 닿았을 때 일어나는 발전 반응을 통해 산화전극에서 수용액 속 물을 산소와 수소이온으로 분리시킨다(명반응). 다음으로는 환원전극을 이용해 앞서 만든 수소이온과 수용액 속 이산화탄소를 화합시킨다(암반응).

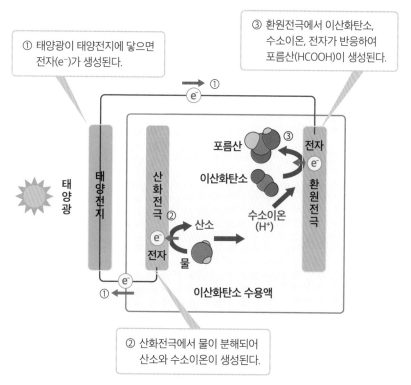

① 태양광이 태양전지에 닿으면 전자(e⁻)가 생성된다.

③ 환원전극에서 이산화탄소, 수소이온, 전자가 반응하여 포름산(HCOOH)이 생성된다.

② 산화전극에서 물이 분해되어 산소와 수소이온이 생성된다.

참고: 도요타중앙연구소,
「실용화 가능한 크기의 인공광합성 기술로 식물의 태양광 변환 효율을 뛰어넘다」
(https://www.tytlabs.co.jp/presentation/case-11.html)

다시 말해 태양광 에너지를 이용해 산소는 배출하고 이산화탄소는 수소와 반응시켜 포름산$_{HCOOH}$을 만드는 것이다.

도요타 그룹이 개발한 인공광합성 기술의 변환 효율은 자연적인 광합성보다 높으며 세계적으로도 뛰어난 수준을 자랑한다. 그리고 포름산은 독성과 가연성이 낮고 안전해 저장과 운송이 쉽다는 장점이 있다. 따라

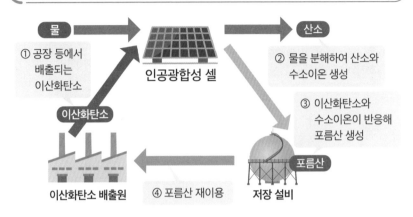

인공광합성을 통한 자원 순환

물 → 인공광합성 셀 → 산소

① 공장 등에서
배출되는
이산화탄소

② 물을 분해하여 산소와
수소이온 생성

③ 이산화탄소와
수소이온이 반응해
포름산 생성

이산화탄소

포름산

이산화탄소 배출원 ④ 포름산 재이용 저장 설비

서 수소 가스를 포름산으로 변환하면 600배로 압축해 효율적으로 운송할 수 있다. 수소 기술도 갖춘 도요타 그룹이 인공광합성과 수소를 조합해 다가오는 탈탄소 사회에 어떤 발자취를 남길지 기대된다.

 정리

● 물을 산소와 수소로 분해한 다음, 수소와 이산화탄소를 반응시킨다.
● 식물보다 이산화탄소 변환 효율이 높은 인공광합성.

에너지 손실을 줄이는 전력 반도체

전기차 주행거리 향상에 긍정적인 영향을 미칠 것

탈탄소화와 함께 떠오르는 것이 반도체의 일종인 전력 반도체Power Semiconductor다. 신체 기관에 비유하자면 CPU와 메모리는 '두뇌'고 전력 반도체는 '심장'이다. 심장이 혈류를 제어하듯이 전력 반도체는 전기의 흐름을 제어하기 때문이다.

전력 반도체는 전류, 전압, 주파수 등을 모터 구동이나 배터리 충전에 활용하기 좋은 형태로 조정하는 역할을 한다. 따라서 전력 반도체를 적절하게 활용하면 전력 손실이 감소하여 에너지 손실을 줄일 수 있다.

전력 반도체는 가전제품에 많이 쓰이고 있지만, 요즘은 **자동차 분야**에서 수요가 늘고 있다. 차량을 전동화하면 자연히 전기 제어가 필요해지므로 친환경 차량 보급이 확대될수록 전력 반도체의 수요도 증가할 수밖에 없다. 특히 전기차는 주행거리라는 과제(121쪽 참고)를 해결해야 하는데, 전력 반도체로 에너지 손실을 줄이면 같은 배터리로도 더 긴 거리를 주행할 수 있다. 따라서 전력 반도체의 성능을 높이는 것이 중

전력 반도체의 종류와 용도

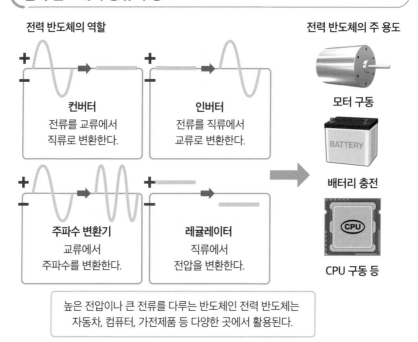

전력 반도체의 역할

컨버터
전류를 교류에서
직류로 변환한다.

인버터
전류를 직류에서
교류로 변환한다.

주파수 변환기
교류에서
주파수를 변환한다.

레귤레이터
직류에서
전압을 변환한다.

전력 반도체의 주 용도

모터 구동

BATTERY
배터리 충전

CPU
CPU 구동 등

높은 전압이나 큰 전류를 다루는 반도체인 전력 반도체는
자동차, 컴퓨터, 가전제품 등 다양한 곳에서 활용된다.

세계 전력 반도체 시장 점유율(2019년)

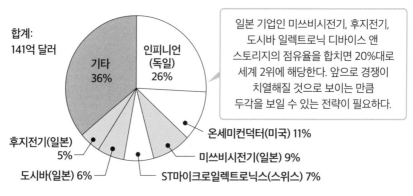

합계:
141억 달러

기타
36%

인피니언
(독일)
26%

일본 기업인 미쓰비시전기, 후지전기,
도시바 일렉트로닉 디바이스 앤
스토리지의 점유율을 합치면 20%대로
세계 2위에 해당한다. 앞으로 경쟁이
치열해질 것으로 보이는 만큼
두각을 보일 수 있는 전략이 필요하다.

후지전기(일본)
5%

도시바(일본) 6%

온세미컨덕터(미국) 11%

미쓰비시전기(일본) 9%

ST마이크로일렉트로닉스(스위스) 7%

참고: 일본 경제산업성, 「반도체 전략(개요)」(2021년 6월)
(https://www.meti.go.jp/press/2021/06/20210604008/20210603008-4.pdf)

요하다. 이와 관련해 오늘날 주류를 이루는 실리콘 대신 더 높은 온도에서 동작하면서도 응용 기기의 소형화·경량화를 가능하게 하는 탄화규소SiC나 질화갈륨GaN으로 기판을 만든 전력 반도체도 등장했다. 기술 혁신도 기대해 볼 만하다. 반도체 분야에서는 고전을 면치 못하는 일본 기업이지만, 전력 반도체 분야에서는 미쓰비시전기, 후지전기, 도시바 일렉트로닉 디바이스 앤 스토리지 코퍼레이션Toshiba Electronic Devices & Storage Corporation이 두각을 나타내고 있다.

정리

- 전기의 흐름을 제어해 에너지 낭비를 줄이는 전력 반도체.
- 실리콘 대신 탄화규소나 질화갈륨으로 기판을 만든 전력 반도체도 등장했다.

061 🌱

반도체의 성능을 높이는 산화갈륨

전력 손실이 적으면서 높은 전압에도 끄떡없는 소재

오늘날 주류를 이루고 있는 실리콘 반도체는 성능의 한계라는 벽에 부딪혔다. 이 벽을 뛰어넘으려면 실리콘을 능가하는 소재를 발굴해야 한다. 다양한 소재 가운데 최근에는 산화갈륨이 주목받고 있다.

산화갈륨은 성능과 직결되는 지표인 '임피던스impedance'와 '내압'에서 뛰어난 수치를 보이고 있어 산화갈륨으로 만든 반도체를 사용하면 장치의 성능을 한층 높일 수 있다. 특히 전력 손실률이 실리콘의 1,000분의 1에 지나지 않아 에너지 절약에 도움이 된다. 따라서 전기차에 산화갈륨으로 만든 반도체를 적용하면 주행거리가 대폭 늘어날 것으로 보인다.

산화갈륨의 이점은 제조 과정에서도 찾을 수 있다. 탄화규소(실리콘 카바이드)나 질화갈륨은 제조 속도가 느리고 일정한 품질을 유지하기 힘든 반면, 산화갈륨은 100배 빠른 속도로 고품질의 결정을 성장시킬 수 있다. 또한 산화갈륨은 실리콘과 경도가 비슷해 기존의 실리콘

절연체, 반도체, 도체의 차이

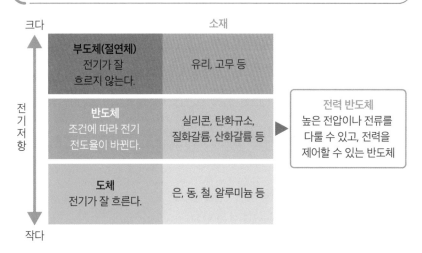

크다		소재
	부도체(절연체) 전기가 잘 흐르지 않는다.	유리, 고무 등
	반도체 조건에 따라 전기 전도율이 바뀐다.	실리콘, 탄화규소, 질화갈륨, 산화갈륨 등
	도체 전기가 잘 흐른다.	은, 동, 철, 알루미늄 등

전기 저항 (크다 / 작다)

> **전력 반도체**
> 높은 전압이나 전류를
> 다룰 수 있고, 전력을
> 제어할 수 있는 반도체

산화갈륨의 양산과 기업 주가의 관계

다무라제작소의 주가 추이

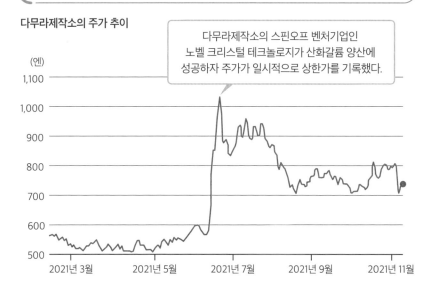

> 다무라제작소의 스핀오프 벤처기업인
> 노벨 크리스털 테크놀로지가 산화갈륨 양산에
> 성공하자 주가가 일시적으로 상한가를 기록했다.

(엔)

1,100
1,000
900
800
700
600
500

2021년 3월　　2021년 5월　　2021년 7월　　2021년 9월　　2021년 11월

반도체 생산 시설을 그대로 활용할 수 있다는 장점이 있다.

이처럼 성능과 제조 두 마리 토끼를 다 잡은 산화갈륨이지만, 지금까지는 규격 개발이 뒤처지고 양산 체제가 불완전했다. 이러한 문제를 해결한 기업이 일본의 노벨 크리스털 테크놀로지Novel Crystal Technology, Inc.다. 고성능의 산화갈륨 반도체가 각종 기기에 적용되었을 때 탈탄소화 진전에 얼마나 긍정적인 영향을 미칠지 벌써 기대가 모인다.

정리

- 산화갈륨의 전력 손실률은 실리콘의 1,000분의 1.
- 실리콘 반도체 생산 설비로도 양산할 수 있다.

만들수록 이산화탄소가 줄어드는 콘크리트

이산화탄소를 이용한
콘크리트 제조 기술을 개발한 다이세이건설

탄소 재활용 연구가 진행되던 중에 이산화탄소 배출량을 줄이기 힘들다고 여겨지던 건설 분야에서 희소식이 날아왔다. 다이세이건설이 대기중 이산화탄소를 줄이는 획기적인 콘크리트 제조 기술을 개발한 것이다. 콘크리트에 들어가는 시멘트는 원료를 고온으로 가열하는 소성 공정을 거치는데, 그 과정에서 어마어마한 이산화탄소가 배출된다. 다이세이건설은 이러한 과제를 해결하고자 새로운 콘크리트 개발에 나섰다.

다이세이건설은 이전에도 콘크리트에 산업 부산물을 섞는 등 환경을 생각한 콘크리트를 개발해왔지만, 이번에는 지금까지 선보인 기술을 한층 더 발전시켰다. 우선 이산화탄소를 원료로 하는 콘크리트를 개발하기 시작했다. 하지만 이산화탄소의 영향으로 콘크리트가 산성을 띠면서 콘크리트에 닿는 철근이 부식되는 문제가 생겼다. 그래서 다이세이건설은 탄산칼슘에 주목했다. 포집한 이산화탄소를 탄산칼슘으

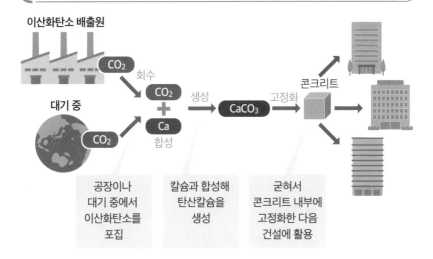

이산화탄소로 콘크리트를 만드는 과정

이산화탄소 배출원

CO_2

회수

CO_2

대기 중

CO_2

$+$

Ca

합성

생성

$CaCO_3$

고정화

콘크리트

| 공장이나 대기 중에서 이산화탄소를 포집 | 칼슘과 합성해 탄산칼슘을 생성 | 굳혀서 콘크리트 내부에 고정화한 다음 건설에 활용 |

로 변환한 다음, 탄산칼슘으로 콘크리트를 만들어 콘크리트 내부에 이산화탄소를 고정화한 것이다. 다이세이건설은 새롭게 개발한 탄소 재활용 콘크리트에 'T-eConcrete®/Carbon-Recycle'이라는 이름을 붙였다.

이에 따라 콘크리트 $1m^3$당 이산화탄소를 최대 170kg까지 고정화할 수 있게 되었다. 만들어진 콘크리트는 강알칼리성을 띠므로 철근이 부식되지 않는다. 또한 콘크리트의 강도나 시공성의 지표인 유동성도 일반 콘크리트와 비슷하다. 게다가 일반 생콘크리트(레미콘) 공장에서도 제조 가능해 오랜 기간 축적해 온 설계, 시공, 감리 등에 관한 기술과 노하우를 활용할 수 있다. 만들수록 이산화탄소가 줄어드는 탄소 재활용 콘크리트가 건설 현장의 대세가 될 날이 기다려진다.

콘크리트 제조 과정에 따른 이산화탄소 배출량 비교

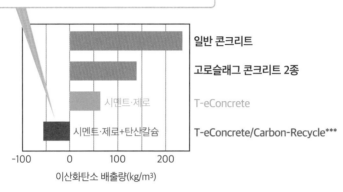

이산화탄소 배출량을
-55kg/m³에서 -5kg/m³까지 '마이너스'화할 수 있다.

일반 콘크리트

고로슬래그 콘크리트 2종

T-eConcrete

T-eConcrete/Carbon-Recycle***

이산화탄소 배출량(kg/m³)

※ 이산화탄소 1kg를 포집해 탄산칼슘을 제조하는 설비에서 이산화탄소가 0.5kg 배출된다고 가정했
을 때의 추정값.

참고: 다이세이건설, 「탄소 재활용 콘크리트 'T-eConcrete®/Carbon-Recycle' 개발」(2021년 2월 16일)
(https://www.taisei.co.jp/about_us/wn/2021/210216_5079.html)

정리

● 콘크리트 1m³당 최대 170kg의 이산화탄소를 고정화하는 기술.
● 일반 생콘크리트 공장에서도 제조할 수 있어 활용도가 높다.

063

전력 생산과 탄소 고정화가 동시에 이루어지는 지열발전 기술

지하에 이산화탄소를 압입하는 이산화탄소 활용 지열발전

이산화탄소를 줄이는 방법으로 이산화탄소를 배출하지 않는 재생에너지의 도입 확대와 함께 대기 중으로 배출되는 이산화탄소를 포집해 땅속 깊숙이 묻어 고정화하는 CCS(142쪽 참고)가 주목받고 있다. 그리고 재생에너지 중에서도 지열(101쪽 참고)은 태양광이나 풍력과 달리 출력이 일정하다는 특징이 있어 앞으로 많은 활약을 펼칠 에너지원이다. 이에 따라 다이세이건설은 세계 3위 규모인 일본의 지열 자원을 활용하고자 흥미로운 기술 혁신에 도전하고 있다.

지열발전은 열원의 위치를 특정하기 힘들고, 열원을 특정하더라도 퍼 올릴 수 있는 열수량熱水量이 부족하면 전력을 충분히 생산할 수 없다. 이러한 과제를 해결하기 위해 나온 방법이 EGSEnhanced Geothermal Systems, 인공 저류층 생성 기술이다. 쉽게 말해 땅속에 물을 주입하고 순환시켜 지열 유체의 생산량을 유지하거나 늘리는 기술이다. 다이세이건설

이산화탄소 활용 지열발전의 원리와 장점

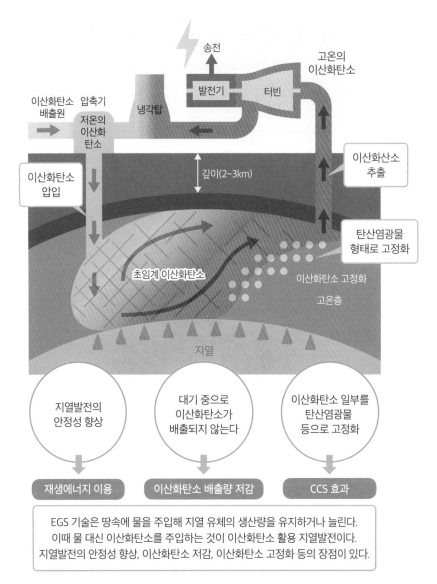

송전

고온의
이산화탄소

발전기 터빈

이산화탄소 압축기
배출원 냉각탑

저온의
이산화
탄소

이산화탄소
압입

이산화산소
추출

깊이(2~3km)

탄산염광물
형태로 고정화

초임계 이산화탄소

이산화탄소 고정화

고온층

지열

지열발전의
안정성 향상

대기 중으로
이산화탄소가
배출되지 않는다

이산화탄소 일부를
탄산염광물
등으로 고정화

재생에너지 이용

이산화탄소 배출량 저감

CCS 효과

EGS 기술은 땅속에 물을 주입해 지열 유체의 생산량을 유지하거나 늘린다.
이때 물 대신 이산화탄소를 주입하는 것이 이산화탄소 활용 지열발전이다.
지열발전의 안정성 향상, 이산화탄소 저감, 이산화탄소 고정화 등의 장점이 있다.

참고: 다이세이건설·지열기술개발, 「'이산화탄소를 재활용하는 지열발전 기술' 개발에 착수」
(2021년 8월 23일) (https://www.taisei.co.jp/about_us/wn/2021/210823_8430.html)

은 EGS를 한층 발전시켜 지열저류층에 이산화탄소를 압입壓入한 다음, 온도가 높아진 이산화탄소로 발전하는 이산화탄소 활용 지열발전을 개발해 실증 단계에 접어들었다.

이산화탄소는 고온·고압 환경에서는 밀도가 높고 점성이 낮아 발전에 적합하다. 그리고 다이세이건설이 선보인 지열발전은 이산화탄소를 땅속에서 순환시키므로 대기 중으로 이산화탄소가 배출되지 않으며 압입된 이산화탄소 일부는 탄산염광물과 같은 형태로 지열 저류층에 고정화될 것으로 보인다. 재생에너지 비중을 늘리는 동시에 CCS의 역할까지 해내는 이산화탄소 활용 지열발전이 탈탄소화에 어떤 영향을 미칠지 궁금해진다.

정리

- 열수량 부족 문제를 해결하는 이산화탄소 활용 지열발전.
- 이산화탄소는 대기 중으로 배출되지 않고 고온층에 고정화된다.

064

에너지 밀도가 높고 형상이 자유로운 전수지전지

안전성이 높고 생산 비용이 적은 배터리

탈탄소 사회의 열쇠를 쥔 배터리(127쪽 참고) 분야에서는 일본의 스타트업 기업인 APB의 전수지전지全樹脂電池, All Polymer Battery가 두각을 보이고 있다. 전수지전지는 이름에서도 알 수 있듯이 수지로 만든 전지로, 계면 제어 기술이 적용되어 있다. 적층 가능한 바이폴라bipolar 구조가 특징인데, 이들을 조합해 배터리의 성능을 한층 끌어올린다.

가장 큰 장점으로는 주재료가 금속이 아닌 수지인 만큼 폭발이나 발화가 일어나지 않고 안전성이 매우 높다는 점을 들 수 있다. 그리고 기존의 배터리는 양극과 음극이 서로 다른 전극판에 나뉘어 있지만 적층 가능한 바이폴라 구조는 집전체集電體 한쪽 면에는 양극, 반대쪽 면에는 음극을 코팅한 전극판을 사용한다. 이러한 대면적 셀을 층층이 쌓으면 작은 면적에서도 높은 에너지 밀도를 실현할 수 있다.

제조 면에서도 장점이 많다. 주재료가 수지이므로 금속 관련 공정이 줄어들어 기존 배터리보다 제조 과정이 간단해지고 필요한 부품의 수도

217

전수지전지의 세 가지 특징

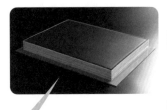

금속을 수지로 대체
저항이 높은 수지 집전체를 사용하므로 합선이 일어나도 큰 전류가 흐르지 않는다.

전극을 겔 폴리머로 구성
전극 건조나 금속 가공과 같은 공정이 불필요하므로 제조 과정이 간단하고 부품 수가 적어 생산 비용을 줄일 수 있다.

수지로만 이루어진 전지
형상의 자유도가 높아 형상을 용도에 맞게 자유롭게 설계하고 다양한 제품에 적용할 수 있다.

전수지전지는 기존의 리튬이온 배터리와 비교했을 때 안전성, 비용, 자유도 등에서 유리해 향후 다양한 분야에서 활용될 것으로 보인다.

참고: APB, 「전수지전지에 대해」(https://apb.co.jp/all_polymer_battery/)

세계 배터리 시장의 추이

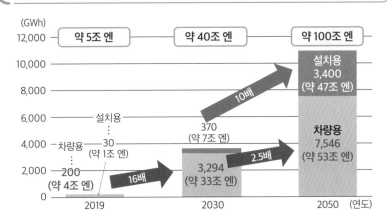

※ 경제 규모는 차량용 팩의 글로벌 가격을 2019년 2만 엔/kWh → 2030년 1만 엔/kWh → 2050년 0.7만 엔/kWh로 추산. 설치용은 차량용의 2배로 추산.

참고: 일본 경제산업성, 「'차세대 배터리 및 모터 개발' 프로젝트 관련 연구 개발과 사회 적용의 방향성」(2021년 7월) (https://www.meti.go.jp/shingikai/sankoshin/ green_innovation/industrial_restructuring/pdf/003_02_00.pdf)

적다. 이로 인해 자연히 생산 비용과 리드 타임도 줄어든다.

형상에 구애받지 않는다는 점도 특징이다. 전수지전지는 에너지 밀도와 출력을 조정하기 쉬워 용도에 맞게 형상을 자유롭게 설계한 다음 다양한 제품에 적용할 수 있다. 이러한 특징 덕분에 전수지전지는 로봇이나 드론 등 폭넓은 분야에 쓰일 전망이며 전기차 분야에서도 눈독을 들이고 있다.

정리

- 소재로 수지(polymer)를 활용함으로써 안전성이 높고 제조 공정도 간단하다.
- 형상의 자유도가 높아 용도에 맞게 설계할 수 있다.

065

발라서 쓰는
페로브스카이트 태양전지

태양전지를 필름 형태로 만들어 다양한 장소에 설치 가능

태양광발전이라고 하면 실리콘으로 만든 넓적한 태양광 패널을 떠올리는 이들이 많을 것이다. 이러한 대세에 도전장을 내민 차세대 태양전지가 있다. 도인요코하마대학의 미야사카 쓰토무 특임교수가 개발한 페로브스카이트 태양전지다. 페로브스카이트perovskite라는 결정으로 형성시킨 막을 가공하는 페로브스카이트 태양전지는 페인트처럼 발라서 만든다는 특징이 있다. 또한 소재 자체는 물론이고, 실리콘 태양광 패널과 달리 고온으로 가열하는 공정이 없어 생산 비용도 저렴하다.

진짜 주목해야 할 점은 태양전지를 필름 형태로 만들 수 있다는 사실이다. 실리콘 태양전지는 두께가 얇아지면 태양광 에너지를 흡수할 수 없고 변환 효율이 큰 폭으로 떨어진다. 하지만 페로브스카이트 태양전지는 태양광 흡수계수가 크기 때문에 필름 형태로 만들어도 높은 변환 효율을 유지할 수 있다. 게다가 제조 시 온도가 실리콘 태양전지보다 낮아 플라스틱에 손상을 주지 않는다. 즉 플라스틱 위에 태양전지

페로브스카이트 태양전지의 장점

저렴한 제조 비용
기존 태양전지보다 공정이 적어
제조 비용이 낮다.

가볍고 유연하다
플라스틱처럼 열에 약한 소재도
이용할 수 있어 경량성과 유연성이 높다.

높은 에너지 변환 효율
기존 실리콘 태양전지와 견주어도
뒤떨어지지 않는 변환 효율을 자랑한다.

뛰어난 성능
다른 전지와 조합하는 기술이 개발
되면서 성능이 향상될 것으로 보인다.

기존 실리콘 태양전지보다 면적, 경량성, 유연성 등 여러 방면에서
뛰어나므로 태양광발전 설치 장소 확대에 이바지할 것으로 기대된다.

참고: 일본 자원에너지청, 「'차세대 태양전지 개발' 프로젝트에 관한
연구 개발 및 사회 적용 계획(안) 개요」(2021년 6월)
(https://www.meti.go.jp/shingikai/sankoshin/green_
innovation/green_power/pdf/001_06_00.pdf)

태양전지의 종류와 변환 효율

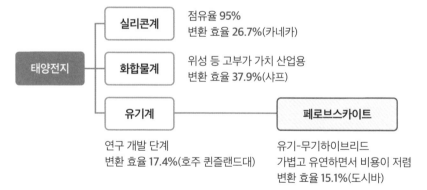

실리콘계
점유율 95%
변환 효율 26.7%(카네카)

화합물계
위성 등 고부가 가치 산업용
변환 효율 37.9%(샤프)

유기계
연구 개발 단계
변환 효율 17.4%(호주 퀸즐랜드대)

페로브스카이트
유기-무기하이브리드
가볍고 유연하면서 비용이 저렴
변환 효율 15.1%(도시바)

참고: 일본 자원에너지청, 「'차세대 태양전지 개발' 프로젝트에 관한
연구 개발 및 사회 적용 계획(안) 개요」(2021년 6월)
(https://www.meti.go.jp/shingikai/sankoshin/green_
innovation/green_power/pdf/001_06_00.pdf)

를 얇게 바른 태양광 패널을 만들 수 있는 것이다. 이처럼 태양전지를 필름 형태로 만들어 지붕뿐만 아니라 벽이나 창문, 휘어진 면 같은 곳에도 태양광 패널을 설치할 수 있게 되면 태양광발전 보급 확산에 큰 진전을 보일 것이다.

필름형 페로브스카이트 태양전지의 에너지 변환 효율과 관련해서는 도시바가 새로운 막 형성법을 개발해 세계에서도 손꼽히는 수준인 15.1%를 달성했다. 이는 기존 실리콘 태양전지와 견주어도 손색없는 수준이므로 페로브스카이트 태양전지의 실용화도 머지않았다고 할 수 있다.

정리

- 가볍고 저렴하면서 제조 공정이 적은 페로브스카이트 태양전지.
- 벽이나 창문, 휘어진 면에도 설치할 수 있어 활용도가 높다.

전기차 주행거리를 최대 1.5배 늘리는 에어컨 냉매 기술

전기차의 에너지 효율을 높이는 에어컨용 냉매 개발

뜨거워지는 전기차 전쟁 속, 각 제조업체는 주행거리라는 지표에서 선두를 차지하기 위해 경쟁하고 있다. 배터리 기술이 발전(127쪽 참고)하면서 나아지기는 했으나 전기차의 주행거리는 아직 휘발유차에 미치지 못하고 있다. 따라서 각 제조업체는 이 문제를 해결하는 과정에서 자신의 실력을 증명해야 한다. 배터리의 성능을 향상시키는 것도 좋은 방법이지만, 차량의 에너지 효율을 높일 수 있다면 배터리 용량이 작아도 충분한 주행거리를 확보할 수 있으므로 에너지 효율 향상에 주목하는 기업이 하나둘 나타나기 시작했다.

이때 지나치기 쉬운 것이 공조 시스템이다. 자동차는 경량화를 추구해야 하는 탓에 무턱대고 단열재를 넣을 수 없는 데다가 창문의 면적이 커서 차내 온도를 유지하기 힘들다. 또한 자동차는 주행하는 동안 시속 수십 킬로미터의 속도로 바깥 공기와 닿기 때문에 기온의 영향을 많이 받는다. 그러다 보니 자동차의 공조 시스템은 꽤 많은 에너지를

전기차의 에어컨 성능과 전력 비교

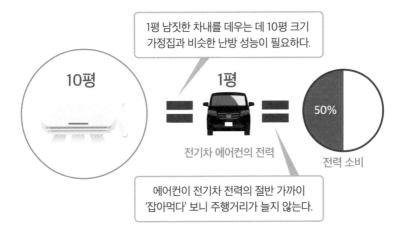

10평

1평 남짓한 차내를 데우는 데 10평 크기 가정집과 비슷한 난방 성능이 필요하다.

1평

전기차 에어컨의 전력

50%

전력 소비

에어컨이 전기차 전력의 절반 가까이 '잡아먹다' 보니 주행거리가 늘지 않는다.

다이킨공업의 공조 시스템에 쓰이는 주요 기술

에너지 및 자원을 절약하는 모터
많은 전력을 소비하는 모터의 효율을 높이고자 모터 회전자 내부에 영구자석을 삽입하는 구조를 고도화했다.

에어컨 압축기
에어컨 소비 전력의 80%를 차지하는 압축기의 에너지 효율을 높이고자 전력 손실을 줄이는 구조를 실현한다.

열교환기 관련 기술
열교환기의 성능을 높이는 동시에 크기를 줄이는 기술을 적용해 난방 과정에서 응축수가 생기거나 저온에서 서리가 발생하는 문제를 해결한다.

팬 관련 기술
공조 시스템에 들어가는 팬을 고도화해 효율적인 열교환, 기류제어, 소음 저감을 실현하고 소비 전력을 줄이는 공기저항 최적화 기술도 개발했다.

냉매 제어 기술
기기 내에서 순환하는 냉매의 응축과 증발을 통해 주위와 열을 교환하면서 냉매의 상태와 유량을 조정하여 열을 적절히 이동시킨다.

에너지 절약 효과가 높은 고성능 에어 필터
청결과 안정성뿐 아니라 에너지 문제에도 관심을 기울여 압력 손실이 낮고 수명이 긴 에어 필터 여과재를 개발한다.

참고: 다이킨공업, 「기술 전략」 (https://www.daikin.co.jp/tic/technology/)

소비하고, 특히 전기차는 공조 성능이 주행거리와 직결된다. 심한 경우 전기차 전력 중 절반이 에어컨에 쓰일 정도다. 이러한 공조 문제에 혁신과 같은 해답을 내놓은 기업이 일본의 다이킨공업이다.

다이킨공업은 에너지 절약 성능이 뛰어난 전기차 에어컨용 냉매를 개발했으며, 2025년 실용화를 목표로 하고 있다. 해당 냉매는 냉난방 중에서도 난방에 필요한 전력을 줄일 수 있다. 다이킨공업의 발표에 따르면 난방 기준 전기차의 주행거리가 최대 50% 늘어난다고 한다. 전기차 전쟁이 앞으로 열기를 더해가는 가운데 자동차 업계 울타리 바깥에 있던 다이킨공업의 시장 진입이 어떤 바람을 몰고 올지 기대가 모인다.

정리

- 에너지 절약 효과가 뛰어난 전기차 에어컨용 냉매를 개발하는 다이킨공업.
- 전기차의 에너지 효율이 높아져 주행거리가 최대 50% 늘어난다.

연두벌레 기름으로
차세대 바이오연료 개발

해운·항공 업계의 탈탄소화에 기여하는 바이오연료

탈탄소 사회를 실현하려면 장거리 운송 시 에너지를 어떻게 공급할지 고민해야 한다. 최근에는 여러 해결책 가운데 재이용하는 이산화탄소와 수소를 합성해서 만드는 합성연료에 관한 검토가 이루어지고 있다. 동시에 탄소중립을 실현하는 연료로서 바이오연료와 관련된 연구 개발도 활발하게 진행되고 있는데, 해당 분야에서 두드러지는 기업이 일본의 유글레나Euglena다. 유글레나는 2005년에 세계 최초로 식용 미세조류 유글레나(연두벌레)를 야외에서 대량 재배하는 기술을 확립하는 한편, 유글레나로 바이오연료를 만드는 활동도 추진했다. 2018년에 바이오연료 제조 실증 플랜트를 준공하고 2020년부터는 바이오 디젤 연료를 공급하기 시작한 유글레나의 행보는 잠깐 반짝이는 관심과는 거리가 멀다. 이 바이오연료는 지속가능성이 뛰어나다는 점에서 '서스테오SUSTEO'라는 이름이 붙었다. 2020년 6월 소형 비즈니스 제트기인 혼다제트HondaJet에 처음 쓰인 데 이어 같은 해 10월에는 일본화물철도가 서

합성연료의 과제와 향후 활동

현주소와 과제	향후 활동
합성 연료의 가격을 낮추고 제조 기술 및 체제 확립 • 상용화에 필요한 원스톱 제조 프로세스가 아직 확립되지 않았다.	**합성연료의 생산 규모를 늘리고 기술 개발을 지원** • 2050년까지 휘발유보다 가격을 낮춘다. • 혁신적인 신기술과 프로세스를 개발하고 상용화에 필요한 원스톱 제조 프로세스를 확립하기 위한 응용 연구를 추진한다.

2030년까지 고효율 대규모 제조 기술을 확립한 뒤 2030년대부터 도입 확대와 비용 저감을 추진해 2040년까지 자립적인 상용화를 실현한다.

2021년	2022년	2023년	2024년	2025년	~2030년	~2040년	~2050년
합성연료 제조 기술 개발					대규모 제조 실증	도입 확대·비용 저감	자립적인 상용화
혁신적인 합성연료 제조 기술 개발							

참고: 일본 자원에너지청, 「내연기관차인데 탈탄소? 친환경적인 액체연료 '합성연료'란」
(2021년 7월 8일) (https://www.enecho.meti.go.jp/about/special/johoteikyo/gosei_nenryo.html)

바이오연료 '서스테오'의 활용 사례

혼다제트(HondaJet)	JRTT의 크루저
2020년 6월 소형 비즈니스 제트기 혼다제트가 서스테오를 이용한 비행에 성공했다.	JRTT(일본철도운수기구)는 관광용 고속 크루저 '씨 스피카(Sea Spica)'에 서스테오를 넣고 시험 항해를 실시했다.

마쓰다(MAZDA)의 모터스포츠 팀	일본화물철도(JR화물)의 트럭
2020년 11월 마쓰다는 서스테오를 넣은 데미오(DEMIO)로 카 레이싱에 출전한다고 밝혔다. 팀명은 'MAZDA SPIRIT RACING Bio concept DEMIO'.	2020년 10월 일본화물철도가 서스테오 도입을 발표하고 고시가야 화물 터미널 역에서 운행되는 컨테이너 트럭에 사용하기 시작했다.

버스, 택배 차량, 예인선을 중심으로 바이오연료가 확대되고 있다.

스테오 도입을 발표하는 등 상용화가 진행되고 있다.

서스테오의 원료는 **미세조류 유글레나에서 뽑아낸 기름**과 폐식용유다. 버려지는 식용유를 재이용하므로 환경에도 도움이 된다. 다만 앞으로 바이오연료의 수요가 늘어나면 원료가 부족해질 것이다. 이에 따라 유글레나는 식자재를 사용하지 않고도 원료를 필요한 만큼 공급할 수 있도록 유글레나 기름을 배양하는 기술을 개발하고 있다. 한편 서스테오의 원료인 **유글레나는 광합성을 통해 이산화탄소를 흡수**한다는 점에서도 탈탄소화에 도움이 된다.

정리

- 탄소중립 실현에 도움을 주는 바이오연료.
- 바이오연료의 원료인 유글레나 기름을 배양하는 기술이 개발되고 있다.

실리콘보다 수십 배 빠른
다이아몬드 반도체

오늘날 반도체 소재는 실리콘이 주류를 이루는데 탄화규소, 질화갈륨, 이번 장에서 소개한 산화갈륨 등이 실리콘 자리를 위협하고 있다. 그리고 궁극의 반도체 소재로 떠오르는 것이 다이아몬드다. 꼭 천연일 필요는 없고 인공 다이아몬드로도 충분한 효과를 얻을 수 있다. 다이아몬드는 앞서 나열한 소재와 비교했을 때 절연내력(dielectric strength)이나 열전도율처럼 반도체의 성능에 영향을 미치는 물리 특성이 뛰어나다. 다이아몬드 반도체가 궁극의 반도체로 손꼽히는 이유도 이 때문이다.

구체적으로 살펴보면 다이아몬드 반도체는 실리콘 반도체보다 기기의 속도를 수십 배에서 많게는 수백 배까지 높일 수 있다. 기본 성능 자체가 우수할 뿐 아니라 내구성도 뛰어나 우주에서도 사용할 수 있을 정도다.

그야말로 꿈의 소재인 다이아몬드지만 기술적인 면에서 실용화하기까지는 까마득한 이야기다. 다만 최근 일본 연구팀과 기업에서 고품질 다이아몬드 박막 합성에 성공하는 등 기반 기술이 크게 발전하면서 실용화를 향한 문이 열리기 시작했다. 다음 과제는 웨이퍼(wafer)의 대형화인데, 이 또한 사가대학 연구팀이 실용화 단계에서 최소 조건인 지름 2인치의 벽을 넘었다. 이만한 크기라면 반도체 기업이 보유한 제조 설비로 대응할 수 있으므로 다이아몬드 반도체 관련 연구 개발에 가속도가 붙을 것으로 보인다.

아직 비용과 같은 과제가 남았지만 하나씩 극복하고 나면 전기차에 탑재되는 전력 반도체를 비롯한 다양한 부품에 다이아몬드 반도체가 쓰이는 미래가 기다리고 있을지도 모른다.

🌿 찾아보기

☀ ㄱ

가정용 이차전지 163
간접 배출량 62
고정화 199, 212, 214
공급망 178
공동의 그러나 차별화된 책임
  50
공조 시스템 223
그린 리커버리 53
그린 성장 전략 34, 71
그린 전력 증서 159
기업지배구조헌장 174
기후변화 14, 20, 23, 50, 86

☀ ㄴ

냉매 225
녹색 산업혁명 54, 81
녹색 채권 54
녹색혁명 174

☀ ㄷ

다이베스트먼트 38
데이터 통신량 133
데이터센터 133

☀ ㄹ

라스트 마일 192

☀ ㅁ

메테인 166
메테인화 142
모터 196
목질 바이오매스 104

☀ ㅂ

바이오 제트 연료 137
바이오매스발전 104
바이오연료 226
반도체 130, 205, 208
발전차액지원제도 94
비화석증서 159

☀ ㅅ

산화갈륨 208
서스테오 226
수소 107, 110, 124
수소전기차 121, 124, 186
수소환원제철 107
순환형 사회 169

☀ ㅇ

암모니아 110
액화천연가스 136
업무 효율화 189
오프사이트 PPA 45

온사이트 PPA 45
온실가스 14, 26, 29
원자력발전 113
유글레나 226
이산화탄소 고속처리기술
  199
이산화탄소 활용 지열발전
  216
이차전지 127
인공광합성 202
인베스트먼트 39

☀ ㅈ

재생에너지 17, 83
재생에너지 부과금 154
재생에너지 시장 92
재생에너지 전기 요금제 68,
  157
저탄소화 17
적층 가능한 바이폴라 구조
  217
전기 트럭 139
전기자동차 118
전동차 118
전동화 118, 139, 196
전력 반도체 205, 209
전소 발전 110

전수지전지 217
전해 셀 199
접근 금지 구역 105
정의로운 전환 151
제3자 PPA 45
제로 에미션 17
지구온난화 20
지속가능한 항공연료 136
지열발전 101, 214
직접 PPA 45
직접 배출량 62
질화갈륨 207, 208

☀ ㅊ
차량용 이차전지 127

☀ ㅋ
카본 뉴트럴 14
클린 파워 플랜 74

☀ ㅌ
탄소 재활용 142, 199
탄소 재활용 콘크리트 141, 212
탄소국경세 41
탄소국경조정제도 41, 80

탄소중립 14
탄화규소 207, 208
탈탄소 17
탈탄소 사회 19
탈탄소화 19
태양광 패널 163
태양광발전 98
태양전지 220

☀ ㅍ
파리협정 29
팹리스 193
페로브스카이트 220
페로브스카이트 태양전지 220
포름산 203
플러그인 하이브리드차 121

☀ ㅎ
하이브리드차 118
합성연료 226
해상풍력발전 95
혼소 발전 112
화력발전 59
화석연료 14, 27, 60, 160

☀ 기타
3R 169
BEV 186
BLDC 모터 196
CBDR 원칙 50
CCS 142, 214
CCU 142
CCUS 142
EGS 214
ESG 투자 35
EV 118
FCEV 186
FCV 121
HEMS 163
HEV 118, 186
J-크레디트 159
LNG 136
PHEV 121
Power to Chemicals 199
PPA 44, 135
SAF 136, 142
SSP 25
V2H 123, 163
ZEB 150
ZEH 150